新时代智库出版的领跑者

国家智库报告（2021）
National Think Tank (2021)

城市韧性与城市品牌测评

基于中国城市的实证研究

URBAN RESILIENCE AND CITY BRAND EVALUATION:
EMPIRICAL RESEARCH ON CHINESE CITIES

刘彦平　著

中国社会科学出版社

图书在版编目(CIP)数据

城市韧性与城市品牌测评：基于中国城市的实证研究／刘彦平著．—北京：中国社会科学出版社，2021.5
（国家智库报告）
ISBN 978-7-5203-8262-5

Ⅰ.①城⋯ Ⅱ.①刘⋯ Ⅲ.①城市管理—品牌战略—研究—中国 Ⅳ.①F299.23

中国版本图书馆 CIP 数据核字（2021）第 066909 号

出 版 人	赵剑英
项目统筹	王　茵　喻　苗
责任编辑	张冰洁
责任校对	韩天炜
责任印制	李寡寡
出　　版	中国社会科学出版社
社　　址	北京鼓楼西大街甲 158 号
邮　　编	100720
网　　址	http://www.csspw.cn
发 行 部	010-84083685
门 市 部	010-84029450
经　　销	新华书店及其他书店
印刷装订	北京君升印刷有限公司
版　　次	2021 年 5 月第 1 版
印　　次	2021 年 5 月第 1 次印刷
开　　本	787×1092　1/16
印　　张	11
插　　页	2
字　　数	110 千字
定　　价	68.00 元

凡购买中国社会科学出版社图书，如有质量问题请与本社营销中心联系调换
电话：010-84083683
版权所有　侵权必究

摘要：本书认为，城市韧性建设是城市发展风险意识和底线思维的体现，目的是为构建新发展格局筑牢基础，是实现城市全面协调可持续发展的供给侧保障和支撑；而城市品牌建设则是城市创新思维和奋进意识的表现，目的是强化并彰显城市的独特优势，是壮大和凸显城市功能的重要需求侧改革手段。本书从落实"五位一体"总体布局的战略高度出发，构建了系统视角的城市韧性发展指数，并对我国288个城市展开实证测评。同时，引入城市品牌发展指数及相应的评估，探讨了城市韧性建设和城市品牌发展的关系。此外，提出并讨论了城市韧性、城市品牌与城市高质量发展之间相互影响、相互促进的互动机制与观察框架，进而对未来加强城市韧性及城市品牌建设提出相应的对策建议。

关键词：城市韧性；城市品牌；供给侧改革；需求侧改革；高质量发展

Abstract: The book proposes that urban resilience construction is a manifestation of risk awareness and bottom-line thinking of urban development, its purpose is to build a solid foundation for the construction of a new development pattern, and it is the supply-side guarantee and support for the realization of a comprehensive, coordinated and sustainable development of the city. Meanwhile, city branding is a manifestation of the city's innovative thinking and enterprising spirit, its purpose is to strengthen and highlight the unique advantages of the city, and it is an important demand-side reform method for strengthening the city's functions. Starting from the strategic height of implementing the *five-sphere integrated plan*, this book constructs a systematic perspective of urban resilience development index, and conducts empirical evaluation of 288 cities in China. At the same time, the city brand development index and corresponding evaluation are introduced to discuss the relationship between urban resilience construction and city brand development. In addition, the interaction mechanism and observation framework of urban resilience, city branding and urban high-quality development are put forward and discussed, and corresponding countermeasures and suggestions for strengthening urban resilience and urban brand building in the future are put forward.

Key words: urban resilience, city brand, supply-side reform, demand-side reform, high-quality development

目　　录

一　韧性城市与城市品牌评价：文献回顾与
　　研究设计 …………………………………………（1）
　　引言 ………………………………………………（1）
　　（一）文献回顾 …………………………………（3）
　　（二）研究设计 …………………………………（14）

二　中国城市韧性发展指数测评（2020） ……（31）
　　（一）中国城市韧性的总体发展态势 …………（31）
　　（二）城市韧性的区域发展特征 ………………（35）
　　（三）各线城市的韧性发展水平比较 …………（41）
　　（四）主要都市圈的城市韧性发展水平
　　　　　比较 …………………………………………（49）
　　（五）城市韧性发展指数分项指数分析 ………（63）

三　中国城市品牌发展指数测评（2020） ……（74）
　　（一）总体发展态势 ……………………………（75）

（二）"韧性"视角下的城市品牌发展
　　　　态势 …………………………………………（79）
（三）国家战略视野下的聚焦分析 …………………（85）
（四）中国城市品牌发展指数（CBDI）
　　　　五年回眸（2016—2020）……………………（91）

四　我国韧性城市及城市品牌建设：意义、
　　挑战及展望 ……………………………………（105）
（一）构筑城市韧性底线及提升城市品牌
　　　　强度的意义 ……………………………………（105）
（二）我国城市韧性与城市品牌建设的问题和
　　　　不足 ……………………………………………（109）
（三）关于加强城市韧性及城市品牌建设的
　　　　对策建议 ………………………………………（117）

附录　中国城市韧性发展指数及中国城市品牌
　　　发展指数2020年度总体得分与排名 ……（129）

参考文献 ……………………………………………（155）

后　记 ………………………………………………（164）

一 韧性城市与城市品牌评价：文献回顾与研究设计

引 言

近几十年来，全球城市化快速发展。截至 2019 年，全球城镇化率大约为 55.5%，全球 76 亿人口中，约有 42 亿人口居住在城市。预计到 2050 年，全球人口将增至 97 亿，城市化率将达到 68%。我国城市化发展与改革开放进程同步，从 1980 年时仅 18% 左右的城市化率飞速发展到 2020 年的 60.6%，一些东部沿海城市的常住人口城镇化率已经超过 70%。全国约 14 亿人口中，常住城镇人口达到 8.48 亿。可以说在过去的 40 年里，中国经历了人类历史上规模最大的城市化进程，成为中国经济增长乃至世界经济发展的重要驱动力。由于人口、基础设施、产业、服务和投资等的高度集聚，城市成为创新、效率、财富和文化的高地，成为人类经济社会发展的引擎。与此同时，交通拥堵、环境污染、社会治安恶化等城市病也相伴而生，各种自然灾害、人为冲突及流行病更是常常困扰着城市的发展。2020年以来，席卷全球的新冠肺炎疫情对全球各地的城市造成了巨大的冲击，如何应对各种灾害特别是突发重大公共卫生危机挑战、建设韧性城市，已成为全球各地和各城市都在反思的重大课题。党的十九届五中全会通过的《关于制定国民经济和社会发展第十四个五年规划和二〇三五年远景目标的建议》中，首次明确提出要建设"韧性城市"，要求各地提高城市治理水平，加强城市治理中的风险防控。在随后召开的中共中央政治局会议上，也再次强调了经济发展韧性和环境韧性的问题，比如会议指出我国经济运行已逐步恢复常态，但新冠肺炎疫情和外部环境仍存在诸多不确定性，因此要强化机遇意识、风险意识，牢牢把握经济工作主动权。特别是要"强化国家战略科技力量，增强产业链供应链自主可控能力"，要"持续改善生态环境质量"，以及"要抓好各种存量风险化解和增量风险防范"，等等。由此可见，"韧性城市"概念，已成为我国当前乃至"十四五"时期城市经济社会发展的核心关键词之一。

本书拟在文献基础上，尝试构建系统视角的城市韧性发展指数并对我国288个城市展开实证测评。同时，引入城市品牌发展指数及相应评估，从中探究城市韧性和城市品牌韧性的互动关系与发展机制，进而从"需求侧改革"的视角出发，对未来加强城市韧性及城市品牌的提升和优化，助力城市迈向高质量的发展，提出相应的对策建议。

（一）文献回顾

1. 关于城市韧性及其评估

（1）城市韧性的概念

韧性（resilience）一词源于拉丁语"resilio"，本义是"恢复到原始的状态"，意指物体在受到外力发生形变后恢复至原状的能力。加拿大生态学家 Holling（1973）首次将韧性概念应用到系统生态学领域，并将韧性定义为"生态系统在遭受短暂冲击后，吸收变化、持续和恢复平衡的能力"。随后，韧性概念被广泛应用到工程物理、生态、社会学和心理学等多个学科领域。

2002 年，倡导地区可持续发展国际理事会（ICLEI）首次提出"城市韧性"（urban resilience）议题，并将其引入城市与防灾研究中（Safa, Jorge, Eugenia et al., 2016），开启了针对城市灾害风险治理的韧性城市研究热潮。此后城市韧性逐渐被拓展到城市经济社会和空间区域等更为综合的视角。比如在 2013 年，洛克菲勒基金会（Rockefeller Foundation）宣布启动"全球100韧性城市"项目，旨在帮助世界各地城市增强韧性以应对21世纪日益频发的自然、社会和经济挑战，引起较大的社会反响。与此同时，韧性联盟（Resilience Alliance）、联合国人居署（UN-Habitat）、联合国防灾减灾署（UN-DRR）、经济合作与发展组织（OECD）等学术组织及国际机构也纷纷展开城市韧性的研究与实践推广。至此城市韧性已成为城市生态、社会、经济和文化可持续发展方面的前沿领域和研究热点。

关于城市韧性的概念内涵，不同学科背景的学者或机构给出的界定有不同的侧重，但强调城市韧性的系统综合性和要素多样化则是普遍趋势和共识。Arup & Rockefeller foundation 于 2013—2018 年合作发布的城市韧性发展指数（City Resilience Development Index）将城市韧性定义为城市（个体、社区、机构、商业体或系统）在遭受到任何持续慢性的压力或突然的灾害冲击时生存、适应并发展的能力（The Rockefeller foundation，2018）。Jha等（2013）则将城市韧性视为四个子系统的整合，包括基础设施韧性（infrastructural resilience）、制度韧性（institutional resilience）、经济韧性（economic resilience）和社会韧性（social resilience）。此外，有学者将韧性视作城市的一种本质特征，城市系统和区域通过合理准备、缓冲和应对不确定性扰动，可以实现公共安全、社会秩序和经济建设等的正常运行（汤放华，汤慧，古杰，2018）。也有学者认为城市韧性是由城市经济、社会、制度、生态、基础设施等人文、环境系统组成的复杂耦合系统，在应对各种自然和人为灾害等干扰时所展现出的当前和未来时期的适应、恢复和学习能力，其过程强调居民、社区、企业、政府及非政府机构等不同利益主体的共同参与和多元协作（赵瑞东、方创琳、刘海猛，2020）。

在综合现有文献成果的基础上，本书认为城市韧性是指一个城市在可预见或不可预见的风险和灾害冲击下所具备的抵御风险、减轻灾害损失并且能够合理地调配资源以从灾害中快速恢复、重建和发展的能力。城市的文化系统、经济系统、社会协同、基础设施系统与环境系统面对灾害的冲击和压力仍然能够保持基本的功能、结构和系统特征不变，这样的城市系统可称为城市韧性系统。

（2）关于城市韧性评估指标的探索

关于城市韧性的评估问题，迄今已进行了大量的探讨。文献从区域规划、环境科学、工程学、生态学、地理学、公共管理及政策研究等角度出发，尝试构建不同学科取向和问题导向的城市韧性评估体系。然而城市作为复杂开放巨系统，面临着自然灾害、环境污染、公共卫生危机、能源短缺、经济压力、社会冲突等急性冲击和慢性压力，需要通过综合视角和系统方法来加以评价和研究。

2013—2018年，奥雅纳（Arup）与洛克菲勒基金会合作推出一套评价城市韧性的完整方法体系——城市韧性指标（City Resilience Index，CRI）方法。这一方法包括健康与福祉（包含将人类脆弱性降至最低、多元生活方式和就业、有效保障人类健康和生命等目标）、经济与社会（包含可持续经济、全面保障和法治、集体认同和社区支持等目标）、基础设施及环境（包含可持续交通与通信、有效供给和关键服务、降低风险和脆弱性等目标）、领导力及策略（包含有效领导和管理、授权利益相关方、综合发展规划等目标）等4个维度、12个韧性城市目标，并进一步细化为156个评价项目，致力于为全球城市的治理者、开发机构、公私部门提供全面、可衡量、可监测、可追踪的综合评价标准，帮助城市建立有效的韧性提升计划。每个城市可根据自身特点，确定各指标的相对重要性及其实现方式，并通过定性和定量相结合的方法，评估城市的现状绩效水平和未来发展轨迹，进而确定相应的规划策略和行动计划以强化城市韧性。CRI方法强调韧性城市的七大品质，深刻揭示了韧性城市的含义，包括反省性（Reflective）、资源富余（Resourceful）、坚实性（Robust）、冗余性（Redundant）、灵活性（Flexible）、兼容性（Inclusive）和整合性（Integrated）。2013年以来，美国洛克菲勒基金会还邀请全球各地城市参与韧性城市申请，并从中选出100座城市作为韧性城市网络成员以推行城市韧性研究框架，在国际范围内产生较大的影响。

2011年，纽约州立大学布法罗分校区域研究中心提出了韧性能力指数（Resilience Capacity Index, RCI）。该指数分为3个维度、12项指标，分别为区域经济属性维度，包括收入公平程度、经济多元化程度、区域生活成本可负担程度、企业经营环境情况等指标；社会—人口属性维度，包括居民教育程度、有工作能力者比例、脱贫程度、健康保险普及率等指标；社区联通性维度，包括公民社会发育程度、大都会区稳定性、住房拥有率、居民投票率等指标。加州大学伯克利分校应用该指标体系对美国361个城市的城区进行评估，以识别出不同韧性等级的城市，其方法体系颇具启发价值。

2016年，经济合作与发展组织也推出适用于一套综合性的用于内部咨询的韧性城市评估框架，包括经济、社会、制度及环境四个维度。其中，经济维度包含促进增长的多元化产业、引领经济的创新、熟练技术劳动力和支持经济活动的基础设施支撑等指标；社会维度包括社会包容和凝聚、活跃的社区市民网络及社会公共服务的可及性等指标；制度维度包括领导力及清晰的愿景、公共部门的资源基础、不同层级政府的合作以及政府的开放性与市民参与等指标；环境维度包括城市与环境均衡发展、可靠充分的基础设施、充足的自然资源等指标。

除上述机构类的研究外，学者们也尝试构建系统性的城市韧性评价指标体系，其韧性评价的空间尺度包括社区、城市和区域等不同层面。比如 Joerin 等学者以面向韧性社区行动为目标，从基础设施、社会、经济、机构、自然 5 个维度来构建城市社区韧性评价指标体系（Joerin, Shaw, Takeuchi et al., 2012）；Heeks 等则用功能特征和赋能特征两大类指标构建评价系统，强调城市韧性的公平性，即城市韧性系统是否能够向服务对象提供公平的资源使用机会和权利（Heeks & Ospina, 2019）。国内学者对城市韧性评价研究也非常活跃，比如白立敏等采用经济、社会、生态、基础设施等 4 个系统 28 项指标来构建城市韧性综合测度指标体系（白立敏、修春亮、冯兴华，2019）。王光辉、王雅琦（2020）则构建了经济、社会、生活、生态和灾害 5 个维度 15 项指标的韧性城市分析指标体系，选择 284 个中国城市的 2012 年和 2018 年数据进行测评并据此提出若干对策建议，等等。

综上所述，目前有关城市韧性及其评估的研究呈现出多学科、多尺度、多维度和多系统的特征，并且较多侧重于环境、经济和基础设施，而对文化和社会方面的考量则相对薄弱。从评价的数据基础来看，大多文献采用统计数据，引入互联网大数据的研究还不多见。当前，我国城市发展面临国际政治经济环境的不确定性增加，特别是当前仍然面对着新冠肺炎疫情大流行的严峻挑战，提升城市韧性已成为城市高质量发展的重要目标和内容。探索更加全面、更具可操作性的城市韧性评估体系具有重要的理论价值和现实意义。

2. 关于城市品牌化及其评估

（1）关于城市品牌化的概念

进入21世纪以来，城市品牌化（city branding）已成为城市研究领域中的热门课题之一。城市品牌化概念源自商业品牌理论，但其与商业产品或服务的品牌化却存在明显的不同，这就意味着商业产品和服务的品牌理论及模型不能直接运用到城市品牌的研究与实践中。城市品牌化的最大特点就是需要对多元利益相关者之间不同乃至相互冲突的目标进行协调，因而城市品牌化被视为城市治理转型的重要内容，也是城市发展策略与公共政策创新的重要组成部分。

关于城市品牌的内涵，研究者也是见仁见智。不少学者从品牌识别和差异化功能角度来界定城市品牌。比如 Cai（2002）认为城市品牌化是选择一系列相互一致的品牌识别要素组合，并通过积极的形象塑造以达到识别出该城市，并与其竞争性城市相区别的过程。其中品牌要素可以是名称、术语、标识、符号、设计、象征、口号、包装或是它们之间的组合，其中城市名称是最重要的参照物。Anholt（2007）也认为城市品牌化是设计、策划和传播名称与品牌识别的过程，其目的是创造或管理城市声誉。另一些学者则强调城市品牌的战略性功能，比如 Gertner（2007）认为城市品牌化是通过战略创新以及相互协调的经济、商业、社会和文化等政策对城市形象进行管理的过程。Kaplan 等（2010）认为城市品牌化是指运用恰当的营销战略将城市在经济、社会、政治和文化等诸多方面与其竞争对手区别开来的过程。而 Maheshwari 等（2011）则认为城市品牌化是帮助城市创造最现实、最具有竞争力和最引人注目的战略愿景的过程，可以确保一个城市因其具有的优势、正面特性和行为而获得应得的认可和适当的品牌资产。国内学者任寿根（2003）、刘彦平（2005）和许峰等（2009）也强调城市品牌的公共管理特质。比如任寿根（2003）认为城市品牌化是指通过提高城市知名度和城市品牌价值，形成城市独特的品牌个性，并通过选择城市发展的差异化路径，创造出强势品牌城市或名牌城市来吸引投资者和消费者,从而促进城市经济发展的一种城市经营方式。此外,也有学者从品牌与受众的关系角度来揭示城市品牌内涵。如 Kavaratzis 等(2005,2019)认为城市品牌化是指将品牌理念和方法应用于城市发展的过程,其核心在于建立和维护城市相关的一系列功能、情感、关系和战略要素的关联,以催生城市良好的声誉,并为居民、访客和投资者等城市受众的各种相关决策提供有价值的信息,等等。

本书认为,城市品牌化是基于城市历史文脉、空间属性和经济社会现实等差异化特征,通过塑造更加正面和更具吸引力的形象以增进城市竞争力的过程。城市品牌化面向城市内外受众需求来改进和创新城市产品与服务,不断增强其差异化特质和聚集扩散能级,是推进城市高质量发展的重要抓手。

(2) 关于城市品牌评估的研究

正如曾克尔等指出,城市管理者投入纳税人的巨资来打造城市品牌,如果缺乏恰当的成效评价工具,就难免引发公众的质疑(Zenker & Martin, 2011)。事实上,关于城市品牌的评价一直是研究者重点关注的课题。较早的研究成果有安霍尔特(Anholt, 2005)提出的国家品牌指数(NBI),使用了出口、文化传统、旅游、政府管理、投资与移民以及民众等6项指标。之后他又提出城市品牌指数（CBI），包括城市声望地位、城市环境素质、城市发展机会、城市活力、市民素质及城市基本条件等6项指标即"城市品牌六边形"（Anholt，2006），成为影响较大的指标构建与评价尝试。2008年，赛佛伦（Saffron）品牌顾问公司发布了"欧洲城市品牌晴雨表"（European City Brand Barometer）榜单。该研究采用"城市资产优势"和"城市品牌优势"两类指标，城市资产优势包括文化因素（含景观、历史文化、美食餐饮、购物等）和宜居因素（含综合成本、气候天气、步行便利性及公交便利性等），城市品牌优势包括形象认知、魅力度、口碑价值和媒体认知等测度指标。就上述两类指标的比值，计算出每个城市的品牌利用度，很有启发价值。与此同时，大量研究遵循品牌战略理论的基础框架，面向城市品牌的特殊性，提出各自的思考和研究路向，虽然观点和指标选取见仁见智，但总体而言属于同样的方法论范畴（如Hankinson, G., 2009; García, J. A., Gómez, M., & Molina, A., 2012; Keller, K. L., Parameswaran, M. G., & Jacob, I., 2011）。然而，也不断有学者质疑商业品牌理论的基础框架对城市品牌的适用性。2014年，瓦若阿斯等（Wæraas A., Bjørnå H., Moldenæs T., 2014）提出了一个新的研究路径，他们认为单独考察地区品牌的方法，对于地区和城市来说是不够的,应该同时兼顾组织维度和治理维度,才能全面评估城市品牌化绩效。为此他们提出"市政品牌化"(municipal branding)概念,更加强调需求导向及城市利益相关者的执行过程(其考察评估维度见表1-1),引起学界和实务界的重视。

表1-1　　　　　　　市政品牌化的三大战略

	地区战略	组织战略	民主治理战略
受众选择	游客 本地及潜在居民 企业	雇员 市政服务使用者 求职者	选民 未来选民 政党
品牌核心特征	历史,文化遗产 自然,本地吸引物及休闲活动 经济潜力	城市管理文化 服务品质 工作环境和能力	创新选举机制 民主核心价值 政客的能力
竞争对象	其他地区	其他城市组织及雇主	其他民主团体
预期声望	有吸引力的目的地 宜居之地 亲商之地	出色的服务提供者 出色的雇主 优良的工作场所	成功的地区民主体制 精干的政治人物 可信赖的地方政府
发起者和行动者	资源网络	首席行政官	政客

资料来源:译自Wæraas A., Bjørnå H., Moldenæs T., 2014。

国内学者对城市品牌评测的研究也日趋活跃。如钱明辉、李军(2010)提出了城市品牌化ISE概念模型,尝试阐释城市品牌化的成功要素。他们认为,城市品牌的要素是一个有机的整体,城市品牌管理者除了要重视城市品牌化执行层要素相关的各项工作,如城市品牌识别、城市品牌结构、城市品牌定位、城市品牌沟通、城市品牌审计之外，还要做好与这些工作相匹配的诸如管理制度、协同组织、人才素质、文化氛围等方面的建设，以提高城市品牌化的效率。庄德林等（2010）从城市文化、国际沟通、城市创新、公共管理和生活质量吸引力5个维度，对北京、上海、纽约、伦敦、巴黎和东京6个国际大都市的软实力进行了测评，其指标体系对城市品牌评价也很有启发。郝胜宇（2013）认为城市品牌来源于城市顾客对城市环境、城市文化、城市经济和城市传播四个方面的综合感知，进而识别、构建了包括生态适宜度、环境优美度、生活舒适度、人文景观吸引力、亲和力、发展潜力、个人发展空间、城市知名度和城市联想等9个指标的顾客视角的城市测评体系，等等。刘彦平等（2016、2017、2018）则通过梳理城市品牌的关键要素，尝试构建符合我国国情的城市品牌发展指数（CBDI）评价体系，包括城市文化品牌、城市旅游品牌、城市投资品牌、城市宜居品牌和城市品牌传播等5个维度的20多个二级指标和70多个三级指标，并据此持续展开对中国城市品牌发展指数的年度测评。

（二）研究设计

1. 总体思路

本书拟在文献基础上，构建城市韧性的评测指标体系并对我国288个城市进行韧性发展指数的评测，进而从城市和区域的角度，分析我国城市韧性建设的进展和不足。同时，本书认为，城市品牌强度是城市韧性的重要表现之一，或可称之为城市品牌韧性，与城市韧性存在相互影响和相互促进的关系。通过引入城市品牌发展指数及样本城市测评，考察我国城市品牌发展态势及其与城市韧性发展的关系。在此基础上，就我国城市加强城市韧性系统和城市品牌的建设，提出相应的对策建议，以为我国城市迈向需求导向的高质量发展提供定性定量相结合的研究借鉴。

(1) 基本概念框架

城市韧性建设是城市发展的风险意识和底线思维的体现，目的是为构建新发展格局筑牢基础。党的十八大从历史和全局的战略高度出发，对推进新时代"五位一体"总体布局做了全面部署，制定了统筹推进经济、政治、文化、社会和生态文明"五位一体"总体布局的战略目标。从城市韧性的底线思维来看，落实"五位一体"总体布局内在包含着打造城市文化韧性、经济韧性、社会韧性、环境韧性和形象韧性等任务要求，作为实现城市全面协调可持续发展的供给侧保障和支撑。

城市品牌建设是城市创新思维和奋进意识的表现，是城市谋求突破性发展的努力，目的是强化并彰显城市的独特优势，增益城市的吸引力和竞争能力。一个正面、积极的城市品牌形象，能够为地区的招商引资、旅游发展、人才引进和市民服务赋予更大的竞争优势。城市品牌化能够有效凸显城市差异化优势，协同城市多样化主体的营销努力，提升城市营销效益，增加城市无形资产，提升游客、投资者和人才的决策便利和市民认同感，更能增强城市抵御危机冲击的能力，助力城市危机后恢复和重建。一般来说，城市品牌的塑造具体表现为城市文化品牌、城市旅游品牌、城市投资品牌、城市宜居品牌和城市品牌传播等努力，是壮大和凸显城市功能的重要需求侧改革手段。

城市韧性和城市品牌存在着相互影响和相互促进的关系（见图1-1）。一方面，城市韧性具有基础性的保障和支持作用。也就是说，城市韧性基础越牢固，城市品牌作为城市功能特色的表征才可能更加突出、更具高度。另一方面，城市品牌化能够有效促进城市经济社会的可持续发展，反过来也有助于增益城市进一步提升韧性建设的资源和能力。由此可见，统筹城市韧性建设和城市品牌建设，是提升城市治理体系和治理能力现代化水平的重要抓手。

（2）城市韧性、城市品牌与城市高质量发展的互动机制

基于文献梳理和学理考察，本书进一步提出城市

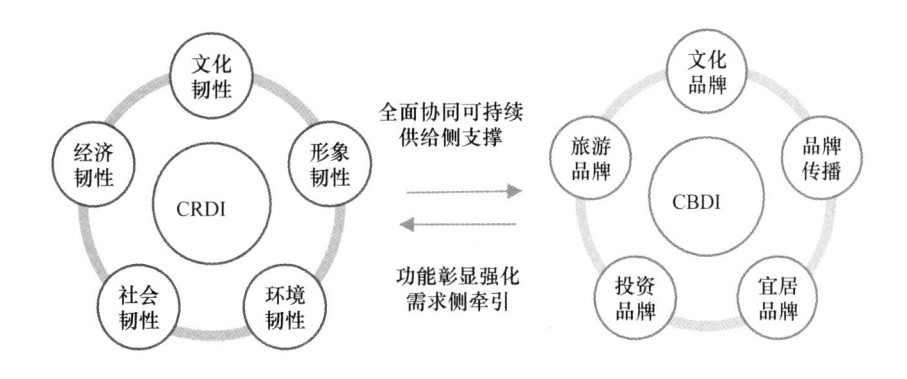

图 1-1 城市韧性与城市品牌韧性的关系

资料来源：笔者制图。

韧性、城市品牌与城市高质量发展之间相互影响、相互促进的基本机制与观察框架（见图 1-2）。其中，城市韧性应从人民美好生活的需要的底线保障出发，全面打造文化、经济、社会、环境和形象韧性的公共品供给；而城市品牌的规划、建设和治理努力，则是从满足人民细分需求出发，来优化和提升城市功能，打造城市文化、旅游、投资、宜居等子品牌以及加强城市品牌传播、打造区域品牌等。通过城市品牌的结构性优化、建设和发展，来推动城市迈向更高品质、更富特色的高质量发展道路。反过来，城市的高质量发展又能为城市品牌的持续发展和城市韧性的进一步提升注入更多的资源和更大的动力。

（3）**城市韧性与城市品牌：区域视角**

城市韧性建设和品牌塑造，不应囿于单个城市的努力和一城一池的得失，而应该从更大空间尺度的区

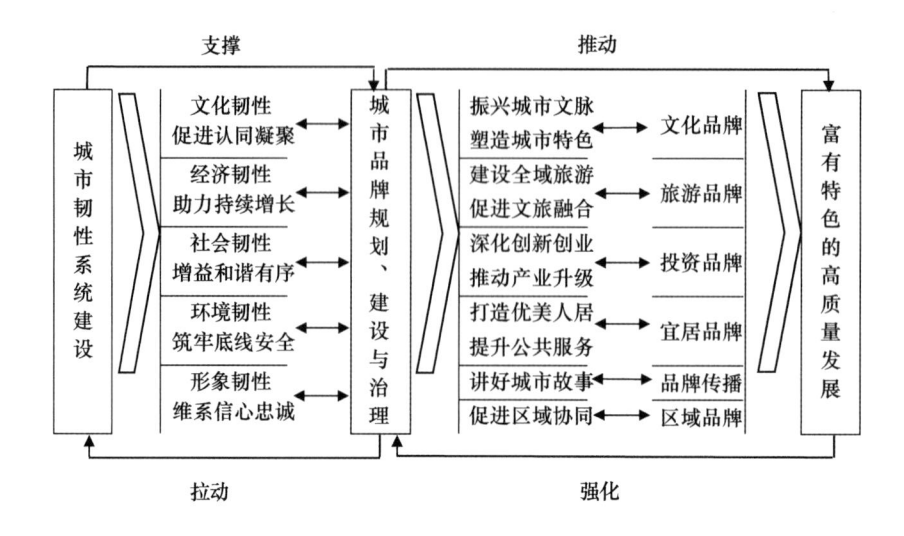

图 1-2　城市韧性系统、城市品牌建设与城市高质量发展的互动机制

资料来源：笔者制图。

域视角来加以审视和建设。在我国城市群建设以及区域一体化进程中，城市群已成为经济社会发展的主体空间形态，城市群之间的基础设施对接、人员往来、经济联系已成为重要的社会经济联系方式。一方面，城市品牌塑造中的错位发展、协同联动及合力打造城市群区域品牌，已成为区域协同发展的题中应有之义（刘彦平等，2017）；另一方面，从城市韧性建设的角度来看，如何进一步激活城市本身所固有的"韧性基因"，建立区域内的"韧性纽带"，进而搭建区域可持续发展的"韧性网络"，是提升城市群的协同治理的重要诉求和手段（刘成昆、李欣然，2021）。

(4) 研究目的与意义

基于上述文献分析和认识框架，本书尝试探讨如下几个问题：一是中国城市韧性建设及城市品牌化建设的现状如何，主要存在哪些问题和挑战；二是我国当前韧性城市建设和城市品牌建设存在怎样的关系；三是未来应采取何种改进和应对的策略。针对上述问题的研究和探讨，对于打造城市韧性体系及城市品牌、推进城市高质量发展以及城市治理体系与治理能力现代化，具有重要的理论和现实意义。

2. 城市韧性发展指数（CRDI）：指标体系设计

建立相对合理的指标体系来评价城市韧性，能够较为科学、客观地反映韧性城市建设的现状及未来发展趋势，帮助城市及时发现和补足短板、巩固其所长，更好地实现协同可持续的韧性城市建设与发展。在文献基础上，本书认为城市韧性发展指数（CRDI）应该包括如下几个方面的内容。

（1）城市文化韧性测度

城市文化的认同、凝聚功能及其友爱包容特质，是城市韧性的强大精神之源，而城市活力则是城市文化韧性重要的复原力表现。

（2）城市经济韧性测度

经济韧性是城市韧性的基础。城市经济发展水平、发展效率、人力资源和创新能力是城市经济风险可控和持续增长韧性的基本支撑。

(3) 城市社会韧性测度

社会韧性反映城市设施、服务与社会运行的品质。城市基础设施、公共空间、基本公共服务和社会服务是城市社会和谐有序的基本韧性保障。比如在新冠肺炎疫情冲击下，城市的医疗公共卫生设施和服务能力成为城市韧性的关键防线。

(4) 城市环境韧性测度

环境韧性是城市应对自然灾害和人为污染的安全底线屏障，城市生态环境质量及公众的环境感受能够反映城市的基本环境韧性。

(5) 城市形象韧性测度

形象韧性测度城市内部和外部公众对城市品质的认同、信心和忠诚度。形象韧性是城市应对危机冲击、助力危机后恢复速度的重要无形资源。

基于上述分析，结合数据可得性，本书提出中国城市韧性发展指数（CRDI）的指标框架。城市韧性发展指数（CRDI）由5个主题层（一级指标）构成，分别为城市文化韧性指数、城市经济韧性指数、城市社会韧性指数、城市环境韧性指数和城市形象韧性指数。5主题层又包含20个次主题层（二级指标）和70多个具体数据指标（三级指标）。城市韧性发展指数（CRDI）的指标体系层次和要素如表1-2所示。

表1-2　　　　　城市韧性发展指数（CRDI）指标体系

韧性主题	要素指标	指标衡量方法
R1 文化韧性	R1.1 文化产业	每万人文化、体育和娱乐业从业人数
	R1.2 友善气质	"城市名+友善"纸媒及全网数据量
	R1.3 城市文化口碑	"城市名+文化"纸媒及全网数据量
	R1.4 创新创业活力	众创空间创业团队数（个）、众创空间数（个）、孵化器数（个）
R2 经济韧性	R2.1 发展水平	GDP（亿元）、人均GDP（元）、城镇居民人均可支配收入（元）、城镇居民人均可支配收入增长率（%）
	R2.2 人力资源	每万人科学研究及金融从业数（人）、大学生创业人数（人）
	R2.3 投资绩效	新增投资额（亿元）、新增企业数（个）、新增就业数（人）
	R2.4 创新绩效	R&D人员（人）、R&D内部经费支出（万元）、专利申请量（个）、专利授权量（个）、发明专利数量（个）、众创空间纳税额（千元）、孵化器纳税额（千元）
R3 社会韧性	R3.1 基础环境	建成区每平方公里酒吧、饭店、咖啡馆、购物中心、公园的数量（个），交通拥堵指数，排水管道密度指数，物价指数
	R3.2 教育文化	小学生人数增长率（%）、中学指数、大学指数、每百人公共图书馆藏书数量比（市/辖区,%）
	R3.3 公共医疗	每万人拥有医生数（个）、病床数（个）、三甲医院数（个），流动人口健康档案覆盖率
	R3.4 社会保障	每百人城镇职工养老、基本医疗和失业保险参保人数（个），就业和医疗卫生财政支出（万元），每万人刑事案件逮捕人数（人）
R4 环境韧性	R4.1 环境质量	PM2.5年均浓度值（微克/立方米）、建成区绿化覆盖率（%）、城市垃圾处理率（%）
	R4.2 生态保护	国家级自然保护区数量（个）、面积（万公顷）
	R4.3 环境保护	单位GDP二氧化硫排放量的倒数
	R4.4 生态口碑	"城市名+生态城市"纸媒及全网数据量、"城市名+绿色"纸媒及全网数据量

续表

韧性主题	要素指标	指标衡量方法
R5 形象韧性	R5.1 发展预期	"城市名+持续增长""城市名+信心"纸媒及全网数据量
	R5.2 城市声望	"城市名+美丽城市"纸媒及全网数据量 "城市名+安全城市""城市名+和谐城市"纸媒及全网数据量
	R5.3 政务新媒体传播	城市政务微博发布信息内容量
	R5.4 政务新媒体服务	城市政务微博原创发文、主动评论、主动私信人数及私信回复次数，城市政务微博被转发、评论和点赞次数

资料来源：笔者设计。

3. 关于城市品牌发展指数（CBDI）

从可执行、可衡量的角度，对城市品牌的关键要素进行辨析，进而构建符合我国实际的城市品牌发展评价体系，有助于深入了解我国城市经济社会发展态势，并为城市品牌发展的理论与实践提供数据支持。本书引入中国社科院中国城市营销发展报告课题组的城市品牌发展指数（CBDI）并对我国288个城市进行指数测评，以与城市韧性主题进行进一步的对比和延伸考察。

城市品牌发展指数（CBDI）由5个主题层（一级指标）构成，分别为城市文化品牌发展指数、城市旅游品牌发展指数、城市投资品牌发展指数、城市宜居品牌发展指数和城市品牌传播发展指数。5个主题层又包含20个次主题层（二级指标）和62个具体指标

（三级指标）。其中每项指标由单一或多项数据合成。在这一指标体系中，城市品牌的总体表现即城市品牌发展指数，表现为5个一级指标的互动关系。其中城市文化品牌是特征指数，城市旅游品牌和城市投资品牌是基础指数，城市宜居品牌是趋势指数，城市传播品牌是推动指数，组成一个渐次递进又相互作用的系统结构。其指标体系层次和要素如表1-3所示。

表1-3　　　　　城市品牌发展指数（CBDI）指标体系

一级指标	二级指标	三级指标	指标衡量方法
U1 城市文化品牌发展指数	U1.1 文化独特性	U1.1.1 文化渊源	建城历史（年）
		U1.1.2 文化特色	世界文化遗产（每个25分）、UCCN（每个25分），国家级非遗（每个2分）、省级非遗（每个0.1分）
		U1.1.3 独特性感知	"城市名+独特"纸媒及全网数据量*
	U1.2 文化潜力	U1.2.1 文化产业	每万人文化、体育和娱乐业从业人数
		U1.2.2 文化氛围	博物馆数量（个）、众创空间创新创业活动数（场次）、每百人公共图书馆藏书量（册）
		U1.2.3 友善气质	"城市名+友善"纸媒及全网数据量
	U1.3 文化活力	U1.3.1 文化影响力	"城市名+文化"纸媒及全网数据量
		U1.3.2 文化创新	著作权登记数量（个）
		U1.3.3 创新氛围	"城市名+创新"纸媒及全网数据量
	U1.4 文化吸引力	U1.4.1 舆论关注度	城市名百度关注指数
		U1.4.2 研究关注度	"城市名+城市文化"知网期刊主题词文章数量
		U1.4.3 城市文化口碑	"城市名+文化"纸媒及全网数据量

续表

一级指标	二级指标	三级指标	指标衡量方法
U2 城市旅游品牌发展指数	U2.1 旅游人气	U2.1.1 境内外旅游人气	境内外游客数量（万人）
		U2.1.2 国际旅游人气	国际游客数量（万人）
		U2.1.3 目的地声望	"城市名＋旅游"纸媒及全网发文量
	U2.2 旅游吸引力	U2.2.1 文化资源	世界文化遗产（每个25分）、UCCN（每个25分）、国家级非遗（每个1分）、省级非遗（每个0.1分）
		U2.2.2 旅游吸引物	5A级景区数（5分）、4A级景区数（1分）、世界文化/自然遗产（25分）
	U2.3 旅游发展效益	U2.3.1 旅游收入	旅游总收入（万元）
		U2.3.2 旅游增长	旅游总收入增长率（%）
	U2.4 旅游营销传播	U2.4.1 纸媒传播	"城市名＋旅游"纸媒报道发文量
		U2.4.2 网络传播	"城市名＋旅游"全网数据量
U3 城市投资品牌发展指数	U3.1 经济基础	U3.1.1 发展水平	GDP（亿元）、人均GDP（元）、城镇居民人均可支配收入（元）、城镇居民人均可支配收入增长率（%）
		U3.1.2 人力资源	每万人科学研究及金融从业数（人）
		U3.1.3 企业质量	500强及上市企业数（个）
		U3.1.4 营商环境声望	"城市名＋投资"纸媒及全网数据量
	U3.2 投资活力	U3.2.1 载体质量	国家级新区（30分）、国家级开发区（10分）、国家级高新区（20分）、自贸区（30分）
		U3.2.2 投资吸引力	新增投资额（亿元）
		U3.2.3 投资绩效	新增企业数（个）、新增就业数（人）
		U3.2.4 经济发展预期	"城市名＋持续增长""城市名＋信心"纸媒及全网数据量
	U3.3 创新创业	U3.3.1 创新投入	R&D人员（人）、R&D内部经费支出（万元）
		U3.3.2 创新绩效	专利申请量（个）、专利授权量（个）、发明专利（个）、众创空间纳税额（千元）、孵化器纳税额（千元）
		U3.3.3 高校质量	各城市最好大学排名
		U3.3.4 平台与设施	众创空间数（个）、孵化器数（个）
		U3.3.5 创新创业口碑	"城市名＋创新创业"纸媒及全网数据量
	U3.4 投资营销传播	U3.4.1 纸媒传播	"城市名＋投资"纸媒报道发文量
		U3.4.2 网络传播	"城市名＋投资"全网数据量

续表

一级指标	二级指标	三级指标	指标衡量方法
U4 城市宜居品牌发展指数	U4.1 宜居声望	4.1.1 美丽城市口碑	"城市名+美丽城市"纸媒及全网数据量
		4.1.2 美食城市口碑	"城市名+美食"纸媒及全网数据量
		4.1.3 和谐城市口碑	"城市名+安全城市""城市名+和谐城市"纸媒及全网数据量
		4.1.4 生活品质口碑	"城市名+宜居""城市名+生活品质""城市名+幸福"纸媒及全网数据量
	U4.2 城市活力	U4.2.1 人才吸引力	大学生创业人数（人）
		U4.2.1 创业活力	众创空间创业团队数（个）
		U4.2.2 社交空间	建成区每平方公里酒吧、饭店、咖啡馆、购物中心、公园的数量（个）
		U4.2.3 活力城市口碑	"城市名+活力"纸媒及全网数据量
	U4.3 民生质量	U4.3.1 教育文化	小学生人数增长率（%）、中学指数、大学指数、每百人公共图书馆藏书数量比（市/辖区,%）
		U4.3.2 公共医疗	每万人拥有医生数（个）、病床数（个）、三甲医院数（个），流动人口健康档案覆盖率（%）
		U4.3.3 社会保障	每百人城镇职工养老、基本医疗和失业保险参保人数（个），就业和医疗卫生财政支出（万元），每万人刑事案件逮捕人数（人）
		U4.3.4 居民消费水平	物价指数
		U4.3.5 人居基础设施	交通拥堵指数，排水管道密度指数
	U4.4 生态环境	U4.4.1 环境质量	PM2.5 年均浓度值（微克/立方米）、建成区绿化覆盖率（%）、城市垃圾处理率（%）
		U4.4.2 生态保护	国家级自然保护区数量（个）、面积（万公顷）
		U4.4.3 环境保护	单位GDP二氧化硫排放量的倒数
		U4.4.4 生态城市口碑	"城市名+生态城市"纸媒及全网数据量，"城市名+绿色"纸媒及全网数据量

续表

一级指标	二级指标	三级指标	指标衡量方法
U5 城市品牌传播发展指数	U5.1 城市知名度	U5.1.1 国内知名度	城市名百度新闻搜索信息数量
		U5.1.2 国际知名度	城市英文名称 Google 新闻搜索信息量
	U5.2 城市关注度	U5.2.1 网络关注度	城市名百度指数
		U5.2.2 研究关注度	城市名知网期刊论文数量（篇）
	U5.3 媒体营销传播	U5.3.1 纸媒传播	城市名纸媒报道发文量
		U5.3.2 互联网传播	城市名全网数据量
	U5.4 政务新媒体传播	U5.4.1 政务微博传播力	城市政务微博发布信息内容量
		U5.4.2 政务微博服务力	城市政务微博原创发文、主动评论、主动私信人数及私信回复次数
		U5.4.3 政务微博互动力	城市政务微博被转发、评论和点赞次数

注：省域品牌发展指数（PBDI）与城市群品牌发展指数（ABDI）的指标设计大体与 CBDI 同构。具体指标设计请参见中国社会科学出版社历年出版的《中国城市营销发展报告》（中社智库丛书）。* 全网数据量包括微信、论坛、博客、微博、APP、新闻、问答、视频、网络新闻传播量（后同）。

资料来源：刘彦平等（2019）。

4. 样本选择、评估方法与数据来源

（1）数据来源

本书指标测算的全部数据均来源于国家统计局、各省统计局及相关城市统计公报、中国社会科学院城市与竞争力研究中心数据库 2019 年数据，以及百度、谷歌、中青华云大数据平台、人民网等数据来源的 2020 年前三季度数据。其中，中青华云大数据的爬虫、数据框是全量数据，数据维度为论坛、新闻、博

客、微博、微信、纸媒、APP、问答和视频等9个维度的精准匹配数据（凡标明"全网数据量"的数据项均为上述维度的数据汇总），截取时段为2020年1月1日至8月30日。政务新媒体传播数据采用人民网舆情监测室和微博数据中心撰写的《2020年上半年人民日报·政务指数微博影响力报告》中的有关地级以上城市的数据。需要说明的是，为了不影响总体的评测，课题组对香港和澳门的部分数据进行了特殊处理：香港和澳门的政务新媒体传播数据与北京取平，部分缺失的双创数据根据已有统计数据加以估算，自贸区地位按内地自贸区3倍分值计分。

（2）**样本选择**

城市韧性发展指数（CRDI）和城市品牌发展指数（CBDI）2020年度的考察样本包括中国30个省、直辖市、自治区的286个地级以上城市及香港、澳门两个特别行政区。此外，省域品牌发展指数（PBDI）考察样本选取内地30个省、直辖市和自治区；城市群品牌发展指数（ABDI）则选取"十三五"规划纲要提出的19个城市群另加粤港澳大湾区共计20个城市群作为考察样本。

（3）**计算方法**

统一评估流程和数据处理方法可以在相当程度上保证结果的可用性，便于结果进行横向和纵向的比较，从而保持城市品牌发展评估的持续性和稳定性。因此，本书 CRDI 及 CBDI 评估体系的指标测算秉承科学性和标准化的原则，严格按照指标评估体系的特点选择评估方法。

①逆向指标处理

综合评价指标体系中经常会出现逆向指标，在本书中，不同性质指标对城市品牌的作用力不同，无法通过直接合成来反映综合结果。因此，要考虑改变逆向指标的数据性质，对其进行正向化处理，使所有指标对城市品牌的作用力趋同化，从而构建一致、有意义的综合指数。正向化处理的方法有取倒数、取相反数、极大值法等。

②无量纲化

对于多指标综合评价体系，必须对性质和计量单位不同的指标进行无量纲化处理，以处理解决数据的可比性问题。无量纲化就是把不同单位的指标转换为可以对比的同一单位的指标数值，用于比较和综合分析。无量纲化函数的选取，一般要求严格单调、取值区间明确、结果直观、意义明确、尽量不受指标正向或逆向形式的影响。无量纲化的方法一般有标准化法、极值法和功效系数等方法。本书选取极值法来消除量纲的影响。极值法的公式如下：

$$X = \frac{x - x_{min}}{x_{max} - x_{min}}$$

其中，x 为评价指标，x_{max} 和 x_{min} 分别对应指标 x 的最大值和最小值。

③指标权重

在多指标综合评价中，指标权重的确定直接影响着综合评价的结果，权重数值的变动可能引起被评价对象优劣顺序的改变。权重系数的确定，是综合评价结果是否可信的一个核心问题。在 CRDI、CBDI 指数的权重结构中，笔者认为 CRDI 和 CBDI 的一级指标 5 个维度在体现城市韧性及城市品牌发展方面虽内涵各异，但具有同等的重要性，即 CRDI 及 CBDI 的五个单项指数在计算总指数时应该是等权的。而在每个单项指数内，由于指标数量较少，构成简单，每个子指标合成上一级指标时也采用等权重的方法。

在区域品牌发展指数，包括省域品牌发展指数（PBDI）和城市群品牌发展指数（ABDI）的计算中，与城市品牌指数（CBDI）的计算方法基本一致，但在指标权重方面略有调整。在 PBDI 和 ABDI 的 5 个一级指标中，凡二级指标中的 CBDI 均值指标，均占 40% 的权重，其余二级指标共占 60% 的权重，并据此在三级指标中设置等权。

④指数合成

确定了各指标及子指数，最后一步就是把这些子指数合成为一个综合指数，从而得到一个城市品牌的综合评价。本书选择几何平均法进行综合指数的合成。几何平均法合成指数的公式如下：

$$X = \prod x_i^{w_i}$$

其中，x_i 为第 i 个子指标，w_i 为第 i 个子指标的权重，X 为合成后的综合指标。

二　中国城市韧性发展指数测评（2020）

近年来，城市韧性概念逐渐成为研究和实践的热点，特别是在2020年新冠肺炎疫情暴发以来，给世界各地的城市造成巨大冲击，关于城市韧性的进一步深入研究越发显得重要和迫切。本书通过构建城市韧性发展指数（CRDI），从城市文化韧性、城市经济韧性、城市社会韧性、城市环境韧性、城市形象韧性等5个维度，对内地及港澳地区的288个城市进行了城市韧性水平的评估，并以此为基础，对全国六大区域、各线城市以及18个重点都市圈的城市韧性水平进行了比较。通过指数实证测评和分析，以期为中国城市及区域进一步提升城市韧性水平提供决策参考。

（一）中国城市韧性的总体发展态势

1. 城市发展韧性水平总体较低

通过对2020年全国288个城市的韧性发展指数评

测结果（参见本书附录部分的附表1）可以看出，我国城市韧性发展水平总体较低，2020年城市韧性发展指数得分平均值仅为0.22分，中位数值仅为0.198，得分较低。此外在纳入评测的288个样本城市中，只有106个城市的得分高于均值，其余182个城市的韧性发展指数得分低于均值，说明我国大多数城市的城市韧性发展水平偏低。

2. 城市间城市韧性水平差异明显

如图2-1所示，我国城市韧性水平较高的城市较少，CRDI指数分值在0.5以上的城市只有北京、深圳、上海3个城市，CRDI指数得分在0.3以上的城市也只有43个，仅占全部样本的14.93%。其余245个城市的城市韧性发展指数得分低于0.3。具体来看，北京的城市韧性发展水平最高，CRDI分值为0.655，其次是深圳和上海，CRDI分值分别为0.566和0.558，这三个城市的韧性水平是全国城市中的佼佼者。

3. 城市韧性水平区域不平衡，东南、环渤海地区领先，西北和东北较差

从区域划分来看，2020年城市韧性发展指数东南地区表现优异，其余五大区城市均值从高到低分别是环渤海地区、中部地区、西南地区、西北地区和东北

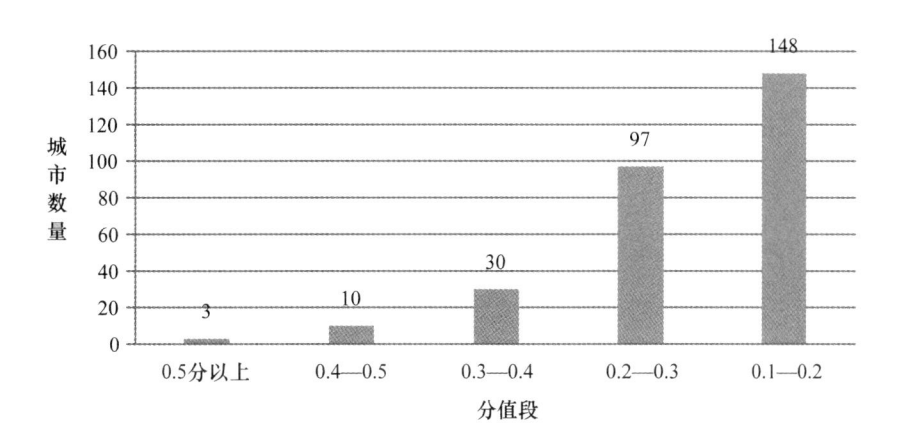

图 2-1　2020 年中国城市韧性发展指数得分值频数分布情况

资料来源：笔者制图。

地区。① 总体来看，东南、环渤海地区韧性发展相对领先，西北和东北地区的城市韧性水平还有较大提升空间（见图 2-2）。

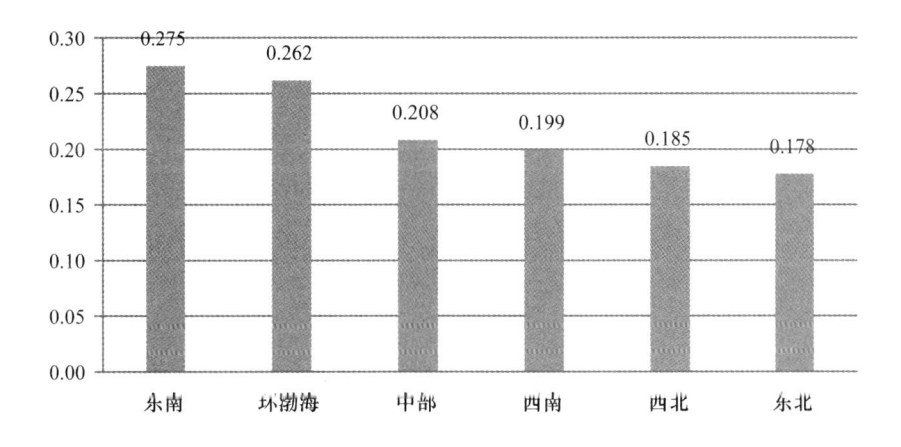

图 2-2　2020 年全国六大区域 CRDI 指数得分均值比较

资料来源：笔者制图。

---

① 这里采用联合国的区域划分，将中国内地 286 个样本城市划分为环渤海、东南、西南、中部、西北、东北等六大区域。

4. 城市形象韧性、环境韧性水平较高，文化韧性和社会韧性成为短板

如图2-3所示，城市形象韧性在CRDI的5个维度中得分均值最高，这与近年来各地政府重视自身形象建设和品牌宣传有着密切的关系。同时，相较于其他维度的韧性建设而言，城市形象往往能够较快和较为直观地反映城市的建设与沟通推广努力。环境韧性和经济韧性的均值分别为0.272和0.210，表现较好，说明我国城市在环境建设和经济转型方面取得了较好的进展。相对而言，城市文化韧性和社会韧性的发展水平较低，得分均值分别为0.097和0.197。其中，城市文化韧性指数均值仅为城市形象韧性分值的1/3。这反映出各地政府对于城市文化韧性和社会韧性的重视程度普遍不够。事实上，城市文化承载着城市的历史记忆、人文风俗、经济生产、环境特征等多种要素，是区别于其他城市的重要无形资产。作为一个城市在历史演进中价值、审美等独特性的凝结，城市文化是城市韧性的精神基因。城市文化具备相对的稳定性，其韧性的培育和建设也是一个需要长期投入和努力的过程。城市社会韧性是城市和谐有序运转的基础，其建设更是需要在社会政策改革、社会服务提升、社会治理优化等方面综合予以改进。例如，在2020年抗击新冠肺炎疫情的过程中，不少城市

表现出包容、镇定、乐观的精神风貌，以及团结协作、守望相助的社会氛围，其文化特质和社会韧性在应对新冠肺炎疫情冲击时发挥了重要作用。

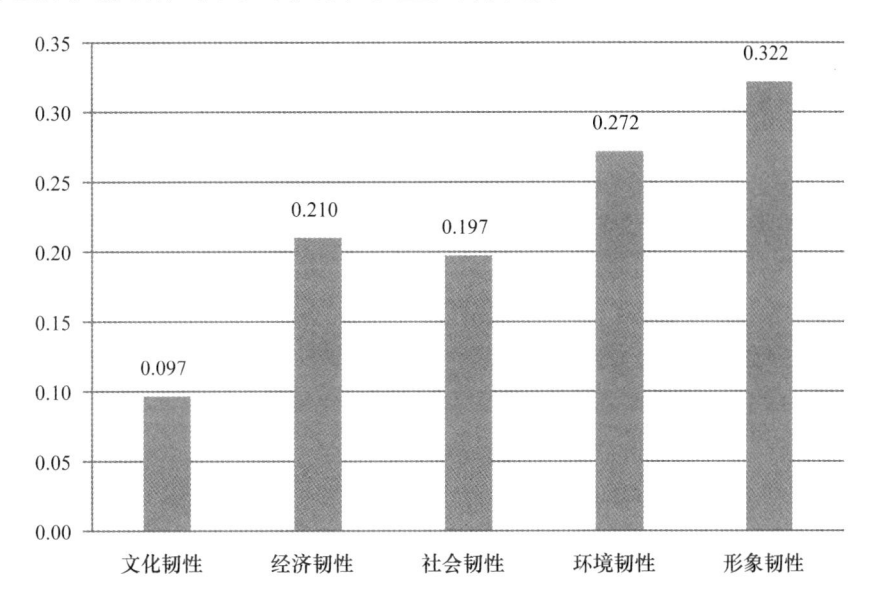

图 2-3　2020 年中国城市韧性发展指数 5 个分项指数的均值对比

资料来源：笔者制图。

（二）城市韧性的区域发展特征

从城市韧性发展指数得分的区域特征来看，我国城市的城市韧性发展水平呈现出由东到西逐渐递减的阶梯式分布格局。具体来看，东南地区的城市韧性发展指数最高，其次是环渤海地区，两者的城市韧性发展指数得分均值分别为 0.275 和 0.262，是我国城市韧性系统建设与发展的第一梯队。中部地区和西南地区的城市韧性发展指数均值分别为 0.208 和 0.199，与东南地区和环渤海地区的城市韧性水平有一定的差距。西北地区和东北地区的城市韧性水平较为落后，其指数均值分别为 0.185 和 0.178，是我国城市韧性系统发展的薄弱地带（见表 2-1）。

表 2-1　2020 年全国六大区域城市韧性发展指数得分情况对比

区域	城市数量	均值	标准差	变异系数	最大值	最小值
东南	55	0.275	0.105	0.381	0.566	0.124
环渤海	29	0.262	0.095	0.363	0.655	0.179
中部	80	0.208	0.057	0.272	0.441	0.122
西南	49	0.199	0.073	0.368	0.488	0.127
西北	39	0.185	0.067	0.362	0.429	0.114
东北	34	0.178	0.070	0.392	0.359	0.104

资料来源：笔者制作。

1. 东南地区：城市韧性综合水平最高，但内部差异分化明显

东南地区城市韧性发展指数均值全国领先。东南地区在全部样本 CRDI 指数得分大于 0.3 的 43 个城市中占据 19 席，占比最高。然而东南地区内部各城市之间城市韧性水平的差异度较大，CRDI 指数的标准差和变异系数分别高达 0.105 和 0.381。其中广东城市的韧性水平差异最为显著，在东南地区纳入测评的 55 个城市中，区域排名前 5 位的城市广东占有两席，分别为深圳和广州，CRDI 得分分别为 0.566 和 0.476，但广

东也包揽了区域排名末5位的城市,分别是阳江(0.169)、揭阳(0.144)、云浮(0.135)、潮州(0.129)和汕尾(0.124)。

从分项指数均值来看,东南地区城市在文化韧性、经济韧性、社会韧性、环境韧性等方面均表现最佳,仅城市形象韧性的平均得分稍落后于环渤海地区(见图2-4)。东南沿海地区经济社会发展水平普遍较高,其经济韧性和社会韧性表现强劲是综合发展水平的体现。同时,东南沿海地区城市的文化包容性、文化创新以及文化传播也都表现突出,支持和带动了城市文化韧性。

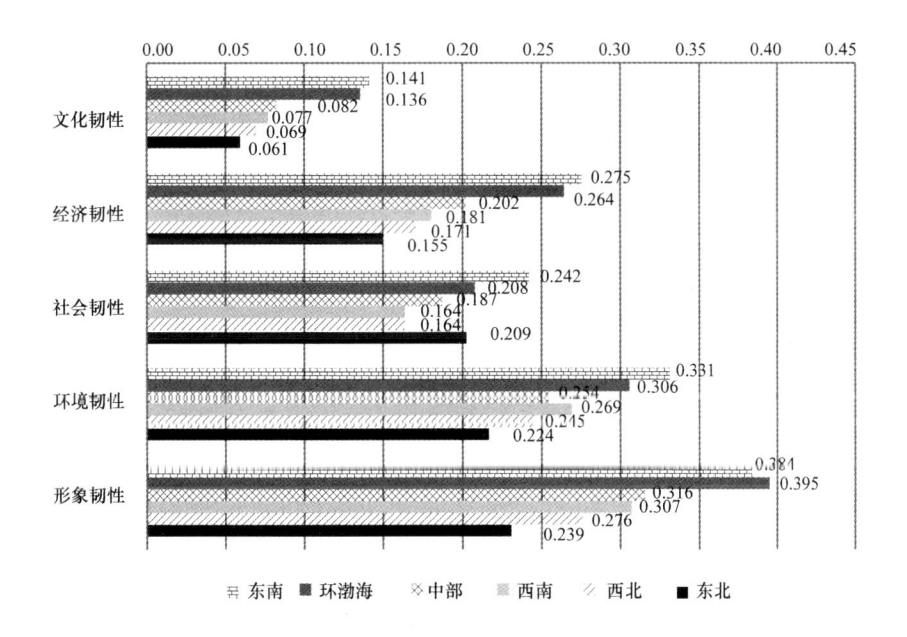

分项	东南	环渤海	中部	西南	西北	东北
文化韧性	0.141	0.136	0.082	0.077	0.069	0.061
经济韧性	0.275	0.264	0.202	0.181	0.171	0.155
社会韧性	0.242	0.208	0.187	0.164	0.164	0.209
环境韧性	0.331	0.306	0.254	0.269	0.215	0.224
形象韧性	0.384	0.395	0.316	0.307	0.276	0.239

图2-4 2020年全国六大区城市韧性分项指数均值比较

资料来源:笔者制图。

2. 环渤海地区：城市韧性水平整体良好，社会韧性表现略逊一筹

环渤海地区的城市韧性发展指数均值较高，仅次于东南地区，与东南地区的分差仅为 0.013。在其 29 个样本城市中，有 19 个城市 CRDI 指数得分高于全国平均水平。其中，北京的 CRDI 指数得分位居全国榜首。环渤海地区城市韧性发展指数得分最小值为 0.179，也远高于其他区域的得分最小值。然而环渤海地区城市韧性系统建设良好的头部城市数量较少。在 29 个样本城市中，CRDI 指数得分大于 0.3 的城市仅有 5 个。从分项指数来看，环渤海地区在城市形象韧性方面表现最好，均值全国领先；在城市文化韧性、经济韧性、环境韧性方面则仅次于东南地区；城市社会韧性指数稍逊一筹，均值低于东南地区和东北地区。总体来看，城市社会韧性建设是环渤海地区城市韧性未来应努力的重点方向。

3. 中部地区：城市韧性发展中游偏上，城市之间相对较为均衡

中部地区城市韧性发展指数均值不及东南地区和环渤海地区，但好于其他地区，处于全国中游偏上水平。在纳入评测的 80 个样本城市中，有 6 个城市的 CRDI 指数得分大于 0.3，有 22 个城市的城市韧性发展

指数得分高于全国平均水平，表现良好。其中，武汉的CRDI指数排名全国第9，长沙排名第18，郑州排名第20，南昌排名第24，合肥排名第26，太原排名第29。值得一提的是，尽管中部地区城市数量众多，但城市之间的韧性系统发展水平差距并不特别显著，其标准差和变异系数均较小，分别为0.057和0.272。从分项指数来看，中部地区城市在城市文化韧性、经济韧性、形象韧性方面表现较好，但城市环境韧性和社会韧性发展不够理想，应在未来优先加以改进和提升。

4. 西南地区：总体处于全国中游，社会韧性亟待加强

西南地区城市韧性发展指数平均得分处于全国中游水平。在49个纳入测评的样本城市中，有11个城市CRDI指数得分高于全国平均水平，占西南地区城市样本总数的22.45%。在这11个城市中，成都、重庆表现最好，CRDI指数得分分列全国第6和第14，但其他城市的CRDI得分和排名均比较靠后，排名全国100名以外的城市有38个。从分项指数来看，西南地区城市在环境韧性方面表现较好，仅次于东南地区和环渤海地区；社会韧性水平则相对较弱，与西北地区城市的社会韧性指数均值基本持平。

5. 西北地区：城市韧性水平整体较低，各维度韧性均需着力提升

西北地区城市韧性发展指数均值处于全国下游水平。在39个纳入测评的样本城市中，CRDI指数得分高于全国平均水平的城市共有10个，占西北地区样本总数的25.64%。在这10个城市中，仅西安一个城市排名比较高，位列全国第10，其他城市排名都比较靠后。排在100名以外的城市有29个。从分项指数来看，西北地区城市在城市环境韧性、文化韧性、经济韧性、社会韧性和形象韧性等分项指数方面，得分和排名都较低，需要进行系统的建设和提升。

6. 东北地区：城市韧性水平全国最低，城市社会韧性表现较好

东北地区城市韧性发展指数得分均值全国最低，表明该地区的发展环境较为脆弱，亟待加以重视。在纳入测评的34个样本城市中，仅有5个城市的CRDI指数得分高于全国平均水平，占东北地区样本总数的14.71%。即使这5个韧性表现最好的城市，也都缺席全国CRDI指数的20强榜单。排名最高的大连位居全国第21，其他城市得分和排名均比较靠后，排在100名以外的城市有30个。从分项指数来看，东北地区在城市环境韧性、文化韧性、经济韧性、形象韧性方面

都全面落后于其他地区,但其城市社会韧性水平则表现亮眼,均值仅次于全国社会韧性水平最高的东南地区,表明东北地区在环境、教育文化、公共医疗和社会保障等方面拥有良好的发展基础。未来东北地区应发挥社会韧性的支撑优势,进一步深化改革、扩大开放,加快推进城市经济转型发展,以早日走出低谷,努力实现区域韧性水平的整体跃升。

(三) 各线城市的韧性发展水平比较

一般来说,不同规模的城市在面对外部冲击时所受到的影响有所不同,体现出不同城市的城市韧性水平存在异质性(陈奕玮、丁关良,2020)。基于此,本书对各线城市的韧性发展水平进行了比较分析。对比2020年各线城市的韧性发展指数可知,城市韧性发展指数随城市等级的提升呈正向变化。一、二线城市由于自身经济、社会、文化、创新等方面的突出实力和雄厚基础处于领先地位,其面临外部冲击时也具有较强的应对和复原能力,表现出强劲的城市韧性。三、四线城市的韧性水平随着城市等级的下降而降低,四线城市的城市韧性发展指数得分均值大幅落后于一、二、三线城市。一线城市CRDI指数得分均值是四线城市均值的3.12倍,二线城市CRDI指数均值是四线城市均值的 2.07 倍，三线城市 CRDI 指数均值是四线城市均值的 1.54 倍（见表 2-2）。可见，三、四线城市与一、二线城市在城市韧性系统水平方面差距非常显著。

表 2-2　　　　2020 年各线城市的城市韧性发展指数比较

区域	城市数量	均值	标准差	变异系数	最大值	最小值
一线城市	4	0.564	0.073	0.130	0.655	0.476
二线城市	29	0.375	0.055	0.147	0.490	0.266
三线城市	36	0.279	0.031	0.110	0.355	0.226
四线城市	217	0.181	0.036	0.200	0.271	0.104

资料来源：笔者制作。

从分项指数来看，一线城市在城市文化韧性、经济韧性、社会韧性、环境韧性、形象韧性方面均大幅领先于二、三、四线城市，各维度分项指数均值都在 0.5 以上。二线城市除在城市文化韧性方面得分较低外，在城市经济韧性、社会韧性、环境韧性和形象韧性方面也都表现良好，得分均值都在 0.3 以上。三线城市同样在城市文化韧性方面得分较低，均值仅为 0.128。但在城市经济韧性、社会韧性、环境韧性、形象韧性方面均值都在 0.25 以上。四线城市在 CRDI 指数 5 个维度的分项指数均值都较低，城市文化韧性指数得分更是仅为 0.062，文化韧性处于非常脆弱的水平（见图 2-5）。

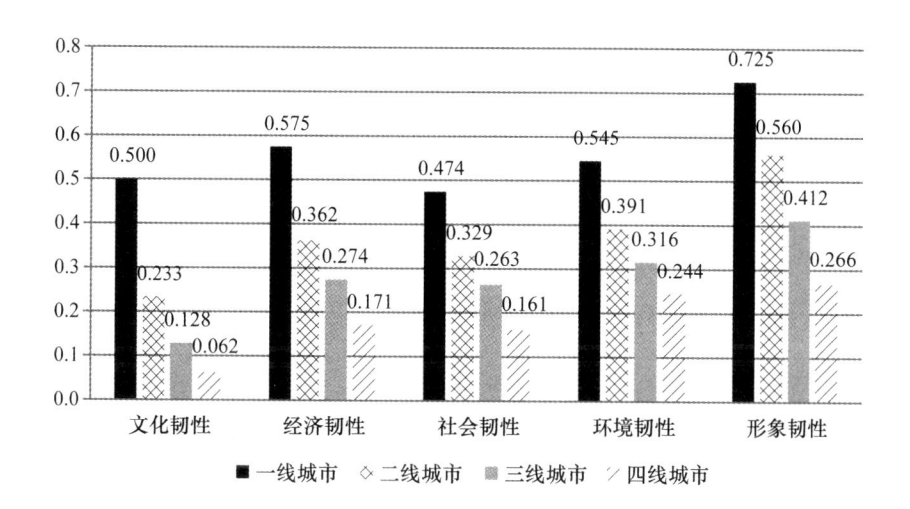

图 2-5 2020 年各线城市 CRDI 分项指数得分比较

资料来源：笔者制图。

1. 一线城市：城市韧性发展水平遥遥领先，文化韧性一枝独秀

一线城市的城市韧性发展指数均值遥遥领先，平均得分为 0.564，这也是我国一线城市综合韧性水平的如实反映。一线城市在城市文化韧性、城市经济韧性、城市社会韧性、城市环境韧性、城市形象韧性等分项指数均值方面均大幅领先于二、三、四线城市。特别是在全国城市文化韧性普遍低落的情况下，一线城市的城市文化韧性表现却异常强劲，其文化韧性指数均值是二线城市的 2.15 倍，三线城市的 3.91 倍，四线城市的 8.06 倍，表明我国城市文化资源、文化资本和文化创新能力高度集聚于一线城市的现实。

具体来看，北京、深圳和上海分别位列 2020 年全国城市韧性发展指数的前三甲，CRDI 指数得分均高于 0.5，分别为 0.655、0.566 和 0.558，仅广州得分 0.476，排名全国第 7（见表 2-3）。北京是国家中心城市、超大城市，是全国的政治中心、文化中心、国际交往中心和科技创新中心，也是世界著名古都和现代化国际城市。近年来，北京着力拓展政治与国际交往功能，强化自身对国家形象的代言身份。同时全方位完善首都功能，大力疏解非首都功能，积极推进京津冀协同发展。北京的城市韧性水平居全国之冠，文化韧性、经济韧性、环境韧性 3 项分项指数也都位列全国第 1。深圳是中国经济特区、全国性经济中心城市和国际化城市，被誉为"中国硅谷"。作为粤港澳大湾区四大中心城市之一，深圳也是国际性综合交通枢纽、国际科技产业创新中心、中国三大全国性金融中心之一。目前，深圳正全力建设全球海洋中心城市、中国特色社会主义先行示范区和综合性国家科学中心。作为我国最具竞争力的城市典范之一，深圳的城市综合韧性水平位居全国第 2，其中城市社会韧性和经济韧性指数表现突出，分别位列全国第 1 和第 2。上海是中国经济、金融、贸易和航运中心。近年来，上海在全面深化改革开放中继续挖掘新一轮发展动力。设立自贸试验区，探索建立与国际通行规则相衔接的制度体系，聚焦投资、贸易、金融创新和事中事后监管等领域，着力建立上海功能体系中的第五个中心——具有全球影响力的科技创新中心。国际进口博览会的举办，更是赋予上海新的投资贸易平台，让上海担当起联动世界的窗口。上海的城市韧性水平强劲，位居全国第3，其环境韧性方面表现较为突出，排在全国第2。广州是国家中心城市，历史文化名城，现代化超大城市，国际商贸中心和综合交通枢纽城市。同时也是粤港澳大湾区、泛珠江三角洲经济区的中心城市以及"一带一路"的枢纽城市。广州的城市韧性发展水平相较于北京、深圳和上海略逊一筹，主要是由于其城市经济韧性（排名第15）和城市社会韧性（排名第9）表现稍差所致。

表2-3　2020年一线城市CRDI总指数和分项指数得分和排名对比

城市	总指数		文化韧性		经济韧性		社会韧性		环境韧性		形象韧性	
	得分	排名	得分	排名	得分	排名	得分	排名	得分	排名	得分	排名
北京	0.655	1	0.730	1	0.750	1	0.453	5	0.571	1	0.770	3
深圳	0.566	2	0.374	6	0.604	2	0.594	1	0.547	3	0.712	6
上海	0.558	3	0.498	4	0.550	3	0.459	4	0.563	2	0.720	5
广州	0.476	7	0.397	5	0.395	15	0.391	9	0.497	4	0.700	7

资料来源：笔者制作。

2. 二线城市：城市韧性发展基础雄厚，形象韧性表现突出

二线城市的城市韧性发展指数均值为0.375，且所有二线城市的CRDI指数得分都高于全国平均得分。从分项指数来看，二线城市的文化韧性指数均值与一线城市分差较大，差距在1倍以上。但在城市形象韧性方面差距相对

较小。与三、四线城市相比,二线城市的城市文化韧性指数则大幅领先于三、四线城市,其文化韧性指数均值是三线城市的 1.82 倍、四线城市的 3.76 倍。表明二线城市是我国城市文化厚重和富有活力的城市梯队。

杭州的 CRDI 指数得分排名全国第 5,是二线城市中城市韧性发展指数得分最高的城市。杭州拥有悠久的历史和鲜明的文化特色,是最具中国传统文化特色的代表性城市之一,其城市文化韧性和形象韧性均位居全国前列。同时,杭州引领互联网经济的发展趋势,长于科技和城市智能建设,已初具未来城市的形象,因此具备较强的经济韧性。成都、南京、武汉、西安分列二线城市中的第 2 到第 5 位。其中成都和南京在城市形象韧性方面表现较好,分别位列全国城市形象韧性指数的第 1、第 2(见表 2-4)。成都得益于自身

表 2-4 2020 年二线城市中 CRDI 指数前 5 名城市的分项指数得分和排名对比

城市	总指数 得分	总指数 排名	文化韧性 得分	文化韧性 排名	经济韧性 得分	经济韧性 排名	社会韧性 得分	社会韧性 排名	环境韧性 得分	环境韧性 排名	形象韧性 得分	形象韧性 排名
杭州	0.490	5	0.364	7	0.472	4	0.403	8	0.461	7	0.750	4
成都	0.488	6	0.321	10	0.422	10	0.378	12	0.463	6	0.854	1
南京	0.467	8	0.341	8	0.409	11	0.364	15	0.442	8	0.777	2
武汉	0.441	9	0.514	3	0.429	8	0.249	66	0.350	42	0.664	9
西安	0.429	10	0.276	15	0.422	9	0.338	24	0.440	11	0.669	8

资料来源:笔者制作。

杰出的媒体营销传播体系和出色的政务新媒体传播，以及"熊猫"主题传播所引致的全球关注。南京也是善用政务新媒体提升传播效率、改进公共服务的典范，城市形象的媒体营销传播取得突破性的进展。

3. 三线城市：城市韧性发展水平高于全国均值，省会城市引领韧性发展

三线城市的城市韧性发展指数均值为0.279，且所有三线城市的CRDI指数得分都高于全国平均得分。相较于一、二线城市，三线城市在城市文化韧性、经济韧性、社会韧性、环境韧性和形象韧性5个分项指数方面，均存在不小的差距，但却大幅领先于四线城市，5个分项指数均值的差距均在50%以上。

昆明的CRDI指数得分，全国排名第23位，是三线城市中城市韧性水平最高的城市。哈尔滨、兰州、贵阳、珠海分列三线城市中的第2到第5位，大多为省会城市。其中昆明的城市形象韧性指数方面表现较好，位列全国城市形象韧性指数的第13位（见表2-5）。

4. 四线城市

四线城市的CRDI指数均值为0.181，在全部

217个四线城市样本中，仅有35个城市的CRDI指数得分高于全国平均值，占比仅为16.13%。表明四线城市是我国城市韧性建设的薄弱地带。从分项指数来看，四线城市在城市文化韧性方面尤其脆弱，平均得分仅为0.062。在城市经济韧性和城市社会韧性指数方面明显不足，均值分别为0.171和0.161，均在0.2以下。

表2-5 2020年三线城市中CRDI指数前5名城市的分项指数得分和排名对比

城市	总指数 得分	总指数 排名	文化韧性 得分	文化韧性 排名	经济韧性 得分	经济韧性 排名	社会韧性 得分	社会韧性 排名	环境韧性 得分	环境韧性 排名	形象韧性 得分	形象韧性 排名
昆明	0.355	23	0.190	24	0.309	36	0.306	30	0.371	28	0.599	13
哈尔滨	0.327	31	0.176	31	0.286	51	0.296	39	0.354	39	0.524	24
兰州	0.313	34	0.190	23	0.299	42	0.288	42	0.251	160	0.538	23
贵阳	0.311	36	0.140	48	0.306	38	0.345	20	0.350	40	0.416	52
珠海	0.310	37	0.145	46	0.334	25	0.246	69	0.381	25	0.446	42

资料来源：笔者制作。

宜昌在全国城市CRDI指数排名中位列第56，是四线城市中的佼佼者。绵阳、威海、柳州、三亚分列四线城市中的第2到第5位。其中宜昌在城市社会韧性方面表现较好，位列全国城市社会韧性指数的第43位（见表2-6）。

表 2-6 2020 年四线城市中 CRDI 指数前 5 名城市的分项指数得分和排名对比

城市	总指数 得分	总指数 排名	文化韧性 得分	文化韧性 排名	经济韧性 得分	经济韧性 排名	社会韧性 得分	社会韧性 排名	环境韧性 得分	环境韧性 排名	形象韧性 得分	形象韧性 排名
宜昌	0.271	56	0.107	74	0.247	70	0.287	43	0.311	69	0.405	61
绵阳	0.259	63	0.085	110	0.258	60	0.248	67	0.314	65	0.389	70
威海	0.255	64	0.104	82	0.261	58	0.199	115	0.337	50	0.377	78
柳州	0.250	68	0.094	93	0.242	73	0.246	68	0.305	75	0.363	90
三亚	0.247	69	0.123	61	0.211	103	0.250	65	0.355	38	0.298	155

资料来源：笔者制作。

（四）主要都市圈的城市韧性发展水平比较

都市圈是以一个或多个中心城市为核心，以发达的联系通道为依托，吸引及辐射周边城市和区域的城市地域空间形态演化的高级形式，也是大城市发展到一定阶段所出现的一种空间现象。本书纳入观察的有18个都市圈，包括粤港澳大湾区、厦门都市圈、首都都市圈、长三角都市圈、青岛都市圈、济南都市圈、长沙都市圈、武汉都市圈、合肥都市圈、郑州都市圈、贵阳都市圈、西安都市圈、成都都市圈、太原都市圈、石家庄都市圈、长春都市圈、沈阳都市圈和南宁都市圈。

从各都市圈的城市韧性发展指数可以看出，我国都市圈的城市韧性水平总体不高，还有较大的提升空间。同时，都市圈的城市韧性水平参差不齐、分化明显，呈东高西低的空间分布格局。纳入观察的18个都市圈中，表现最好的粤港澳大湾区，其城市韧性发展指数均值也仅为0.361。厦门都市圈、首都都市圈和长三角都市圈分别位列第2名、第3名、第4名，CRDI均值分别为0.319、0.313和0.313。其余14个都市圈的CRDI均值则都在0.3以下。此外，都市圈城市韧性水平的梯度效应也非常明显。粤港澳大湾区城市韧性水平较为突出，是我国最具韧性能力的都市圈。厦门都市圈、首都都市圈、长三角都市圈和青岛都市圈的城市韧性水平总体也较高，CRDI均值都在0.3左右，是我国都市圈城市韧性发展的领先阵营。济南都市圈、长沙都市圈和武汉都市圈整体城市韧性处于中上水平，是我国都市圈城市韧性发展的第三梯队。合肥都市圈、郑州都市圈、贵阳都市圈、西安都市圈、成都都市圈、太原都市圈、石家庄都市圈、长春都市圈、沈阳都市圈等9个都市圈的城市韧性发展指数均值介于0.20—0.23之间，城市韧性处于中下水平，韧性系统的质量和能力有待进一步提高。南宁都市圈城市韧性发展指数得分仅为0.168分，城市韧性水平在18个都市圈样本中垫底（见图2-6、表2-7）。

粤港澳大湾区、厦门都市圈、首都都市圈、长三角都市圈、青岛都市圈为城市韧性发展指数均值排名

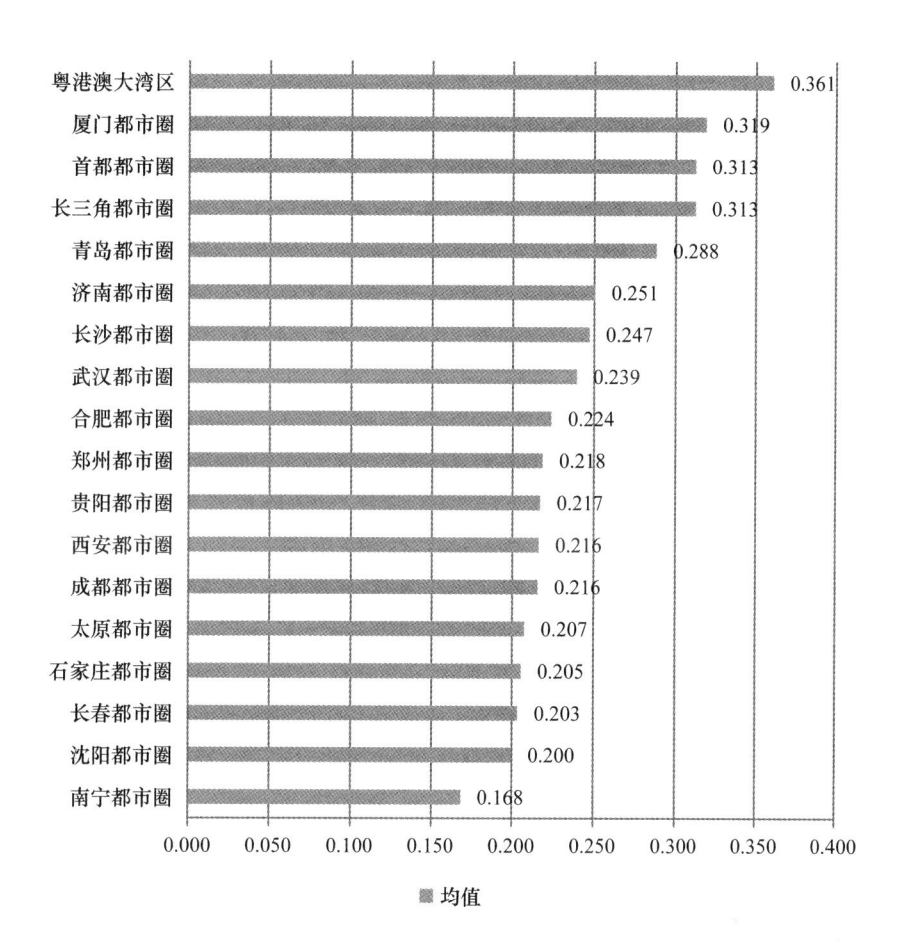

都市圈	均值
粤港澳大湾区	0.361
厦门都市圈	0.319
首都都市圈	0.313
长三角都市圈	0.313
青岛都市圈	0.288
济南都市圈	0.251
长沙都市圈	0.247
武汉都市圈	0.239
合肥都市圈	0.224
郑州都市圈	0.218
贵阳都市圈	0.217
西安都市圈	0.216
成都都市圈	0.216
太原都市圈	0.207
石家庄都市圈	0.205
长春都市圈	0.203
沈阳都市圈	0.200
南宁都市圈	0.168

图 2-6　2020 年全国 18 个主要都市圈的城市韧性发展指数均值比较

资料来源：笔者制图。

前 5 的都市圈。其中粤港澳大湾区、首都都市圈、长三角都市圈分别由深圳、广州、香港、北京、上海等城市韧性较强的中心城市带动，都市圈整体城市韧性发展水平领先全国。厦门都市圈和青岛都市圈的优秀表现，除中心城市的带动外，也得益于都市圈内城市发展较为均衡。

表 2-7　　2020 年各主要都市圈 CRDI 指数得分情况

都市圈	城市样本个数	均值	标准差	变异系数	中心城市	中心城市排名
粤港澳大湾区	11	0.361	0.114	0.317	深圳	2
厦门都市圈	3	0.319	0.097	0.304	厦门	11
首都都市圈	7	0.313	0.166	0.530	北京	1
长三角都市圈	22	0.313	0.097	0.311	上海	3
青岛都市圈	5	0.288	0.062	0.216	青岛	17
济南都市圈	6	0.251	0.065	0.258	济南	19
长沙都市圈	5	0.247	0.076	0.307	长沙	18
武汉都市圈	6	0.239	0.101	0.422	武汉	9
合肥都市圈	7	0.224	0.057	0.255	合肥	26
郑州都市圈	9	0.218	0.073	0.334	郑州	20
贵阳都市圈	4	0.217	0.072	0.334	贵阳	36
西安都市圈	6	0.216	0.110	0.508	西安	10
成都都市圈	10	0.216	0.101	0.467	成都	6
太原都市圈	4	0.207	0.092	0.444	太原	29
石家庄都市圈	4	0.205	0.073	0.356	石家庄	36
长春都市圈	4	0.203	0.097	0.475	长春	33
沈阳都市圈	5	0.200	0.081	0.408	沈阳	27
南宁都市圈	6	0.168	0.068	0.404	南宁	42

资料来源：笔者制作。

1. 粤港澳大湾区

粤港澳大湾区是我国开放程度最高、经济活力最强的区域之一，在国家发展大局中具有重要战略地位。2020 年，粤港澳大湾区经济总量超过 11 万亿元，其中有 4 个城市的 GDP 总量突破 1 万亿元（深圳 27670 亿元、广州 25019 亿元、香港 22972 亿元、佛山 10817 亿元）。湾区内部城市经济发展水平和结构有所差异，但在功能定位上各有分工、各有侧重。就大湾区中心城市而言，香港重在巩固和提升作为国际金融、航运、贸易中心和国际航空枢纽的地位，推动金融、商贸、物流、专业服务等向高端高增值方向发展，大力发展创新及科技产业，建设亚太区国际法律及争议解决服务中心；澳门致力于建设世界旅游休闲中心、中国与葡语国家商贸合作服务平台，促进经济适度多元发展；广州充分发挥国家中心城市引领作用，全面增强国际商贸中心、综合交通枢纽和科技教育文化中心功能；深圳则重点发挥作为经济特区、全国性经济中心城市和国家创新型城市的引领作用，努力建成具有世界影响力的创新创意之都，在发展质量、发展城市、城市文明、民生幸福和可持续发展等方面，建设中国特色社会主义先行示范区。粤港澳大湾区的其他城市也各具优势和特色。比如佛山紧邻广州，区位得天独厚，与广州共同承担国家制造业创新中心和全球制造创新中心的重任，进而发挥广佛同城的极点带动作用。东莞拥有强大的制造业基础，产业链完整、配套齐全，致力于打造粤港澳大湾区的创新成果转化基地。中山市地处粤港澳大湾区的几何中心位置，致力于将自身建成珠江东西两岸融合发展的支撑点及沿海经济带的枢纽城市。珠海与澳门隔海紧邻，不断深化澳珠合作，可望发展成为引领带动大湾区发展的重要增长极。

由于粤港澳大湾区自身在区位、基础设施、经济实力、科技创新和国际化方面相较于其他都市圈都具有明显优势，其应对外部冲击的能力也较强，在18个都市圈中城市韧性发展指数均值名列前茅。其城市经济韧性、社会韧性、环境韧性和形象韧性都领先全国，但城市文化韧性相对不足，这也是粤港澳大湾区未来构筑韧性系统应着力提升的关键所在（见图2-7）。

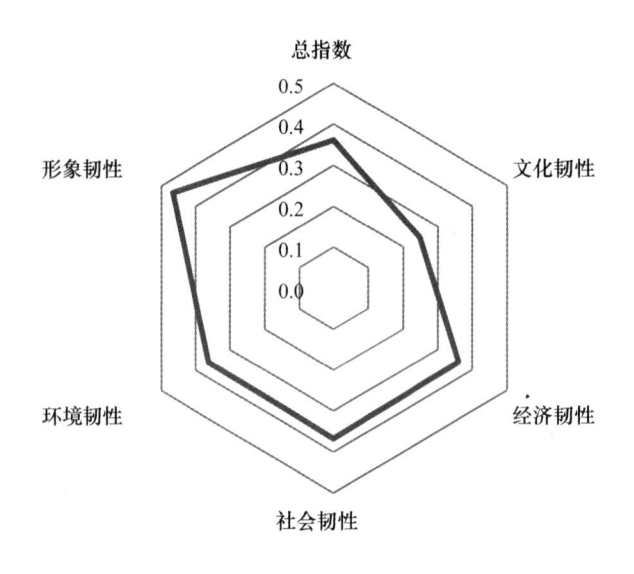

图2-7 2020年粤港澳大湾区CRDI总指数和分项指数均值

资料来源：笔者制图。

具体来看，粤港澳大湾区内部城市的韧性水平总体比较高，变异系数为0.317，仅肇庆排在全国城市韧性发展指数的百强之外。深圳、香港、广州的CRDI指数均排在前10，表明深圳、香港、广州在都市圈韧性水平方面发挥着重要的引领和支撑作用。此外，澳门的城市环境韧性存在较大隐忧，仅位列第280位，但其社会韧性表现卓越，排名高居全国第2（见表2-8）。

表2-8 2020年粤港澳大湾区CRDI总指数、分项指数得分和排名

城市	总指数 得分	排名	文化韧性 得分	排名	经济韧性 得分	排名	社会韧性 得分	排名	环境韧性 得分	排名	形象韧性 得分	排名
深圳	0.566	2	0.374	6	0.604	2	0.594	1	0.547	3	0.712	6
香港	0.498	4	0.650	2	0.441	6	0.438	6	0.392	20	0.572	16
广州	0.476	7	0.397	5	0.395	15	0.391	9	0.497	4	0.700	7
东莞	0.393	15	0.173	33	0.464	5	0.486	3	0.396	18	0.444	43
澳门	0.352	25	0.318	11	0.300	41	0.562	2	0.156	280	0.423	50
佛山	0.343	28	0.172	34	0.373	19	0.341	22	0.341	47	0.486	34
中山	0.326	32	0.203	21	0.308	37	0.309	29	0.395	19	0.413	58
珠海	0.310	37	0.145	46	0.334	25	0.246	69	0.381	25	0.446	42
惠州	0.277	55	0.113	66	0.299	43	0.246	70	0.355	37	0.374	80
江门	0.227	94	0.095	90	0.248	69	0.232	83	0.257	150	0.302	147
肇庆	0.199	141	0.082	117	0.198	123	0.195	121	0.260	143	0.261	186

资料来源：笔者制作。

2. 厦门都市圈

厦门都市圈包括厦门、泉州和漳州三座城市，是中国东部最具有活力的经济一体化产业区。2019年，厦门都市圈的经济总量为21088.29亿元。由于厦门都市圈内城市数量较少，且所有城市的韧性水平均较高，因此在

全国18个主要都市圈中，其CRDI指数表现位列第2。厦门都市圈在城市形象韧性方面表现出色，但在城市文化韧性方面表现较差，未来亟须提升（见图2-8）。

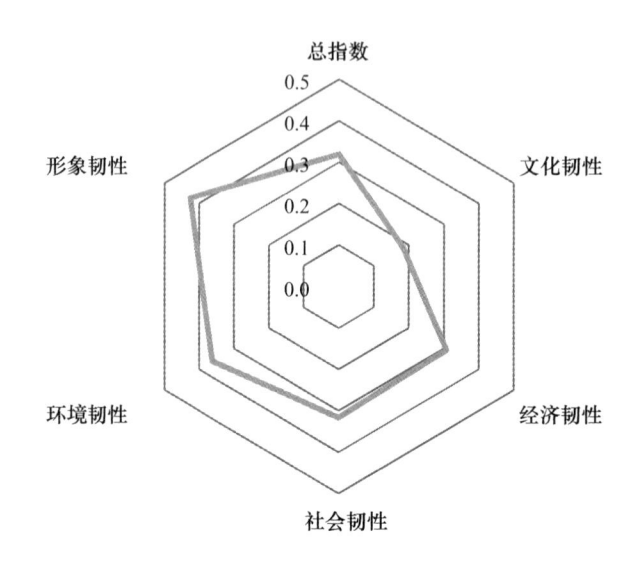

图2-8 2020年厦门都市圈CRDI总指数和分项指数均值

资料来源：笔者制图。

具体来看，厦门都市圈内部城市的韧性水平较高，变异系数为0.304，总指数得分全部在全国平均水平之上。作为厦门都市圈的中心城市，厦门在全国城市韧性发展指数排名中位列第11，并且在城市文化韧性、经济韧性、社会韧性、环境韧性和形象韧性5个分项指数方面均表现良好。相对而言，漳州在城市文化韧性和城市形象韧性方面得分较低，有待发展和提升（见表2-9）。

表2-9　2020年厦门都市圈CRDI总指数、分项指数得分和排名

城市	总指数 得分	总指数 排名	文化韧性 得分	文化韧性 排名	经济韧性 得分	经济韧性 排名	社会韧性 得分	社会韧性 排名	环境韧性 得分	环境韧性 排名	形象韧性 得分	形象韧性 排名
厦门	0.423	11	0.338	9	0.398	14	0.427	7	0.442	9	0.510	27
泉州	0.304	41	0.131	53	0.298	44	0.286	46	0.343	46	0.463	38
漳州	0.230	87	0.086	108	0.225	83	0.237	78	0.299	79	0.304	145

资料来源：笔者制作。

3. 首都都市圈

首都都市圈以北京、天津两个直辖市为中心城市，在全国18个都市圈观察样本中，CRDI均值位列第3。北京作为我国的政治中心、文化中心、国际交往中心、科技创新中心，对都市圈的整体韧性发展具有较强的辐射带动作用。然而，相较于其他都市圈来看，首都都市圈内部城市的分化较为严重。其城市环境韧性和城市形象韧性两方面表现较好，但在城市社会韧性和城市文化韧性方面则不够理想，均值仅为0.1—0.2之间（见图2-9）。

首都都市圈内部各城市韧性水平差异较大，变异系数为0.530，是全部18个都市圈样本中变异系数最高的都市圈。都市圈内的7座城市中，仅北京、天津CRDI排名位居前列，其余5座城市的城市韧性发展指数排名均在第50名开外。在首都都市圈中，保定、张家口、廊坊、承德等城市在城市社会韧性方面表现较差，其排名均在第180名之后，与北京、天津相比存

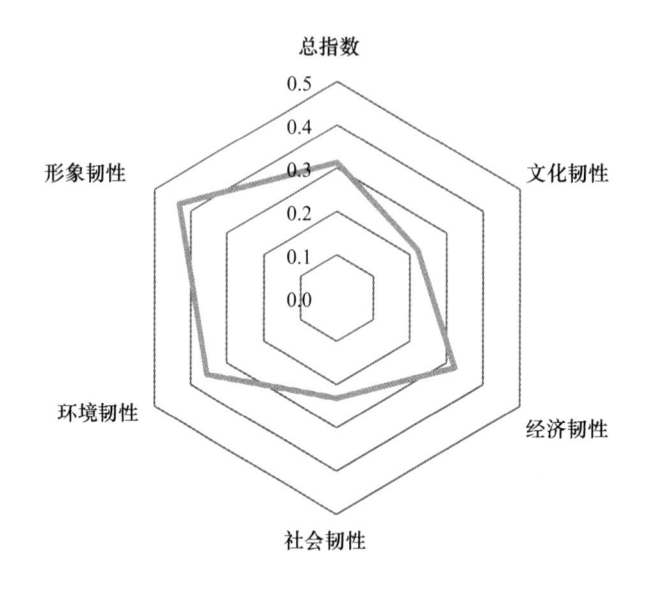

图 2-9　2020 年首都都市圈 CRDI 总指数和分项指数均值

资料来源：笔者制图。

在较大断层，拉低了首都都市圈的社会韧性水平，进而削弱了首都都市圈的整体城市韧性（见表 2-10）。

表 2-10　2020 年首都都市圈 CRDI 总指数、分项指数得分和排名

城市	总指数 得分	总指数 排名	文化韧性 得分	文化韧性 排名	经济韧性 得分	经济韧性 排名	社会韧性 得分	社会韧性 排名	环境韧性 得分	环境韧性 排名	形象韧性 得分	形象韧性 排名
北京	0.655	1	0.730	1	0.750	1	0.453	5	0.571	1	0.770	3
天津	0.401	13	0.300	13	0.361	20	0.377	14	0.427	12	0.540	22
唐山	0.266	59	0.111	69	0.291	48	0.232	84	0.292	93	0.403	63
保定	0.230	88	0.131	54	0.253	66	0.153	189	0.185	267	0.426	49
张家口	0.228	92	0.104	79	0.192	135	0.156	186	0.328	52	0.362	92
廊坊	0.213	116	0.103	83	0.228	80	0.116	236	0.319	59	0.301	149
承德	0.196	151	0.075	133	0.183	156	0.134	219	0.359	33	0.230	213

资料来源：笔者制作。

4. 长三角都市圈

长三角都市圈是中国经济最发达、城市空间集聚最密集的地区。以仅占全国2.1%的国土面积，集中了全国1/4的经济总量和1/4以上的工业增加值，是中国经济发展的重要引擎。长三角都市圈以上海为中心，拥有南京、杭州、宁波等实力强劲的副中心城市，区域经济总量大、城镇高度密集、城镇间联系紧密，综合发展质量居全国首位。都市圈内部22座城市围绕上海建设国际经济、金融、贸易、航运中心进程，正在加快推进区域一体化发展。

长三角都市圈在城市形象韧性、环境韧性和经济韧性方面表现突出，但其城市文化韧性尚需着力提升（见图2-10）。具体来看，长三角都市圈与首都都市圈在城市韧性发展指数得分方面接近持平，但相较于首都都市圈，其内部各城市的韧性发展水平更加均衡，变异系数仅为0.311。在都市圈的22座城市中，有3座城市的CRDI指数得分位列全国前10，有14座城市的CRDI指数得分位列全国前50。上海、杭州、南京、苏州作为长三角都市圈的中心城市，城市韧性发展水平较高，且在城市文化韧性、经济韧性、社会韧性、环境韧性和形象韧性方面都有良好的基础及表现，在都市圈中发挥着重要的引领作用。舟山、泰州、淮安、宣城、滁州等在城市社会韧性方面表现不佳，需进一步提升（见表2-11）。

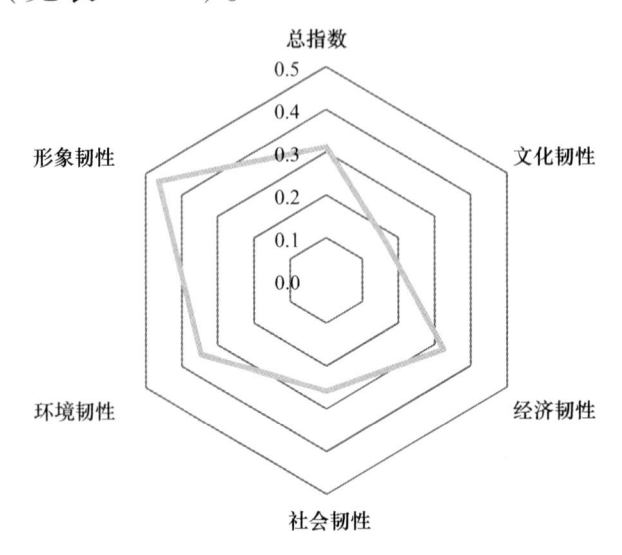

图2-10 2020年长三角都市圈CRDI总指数和分项指数均值

资料来源：笔者制图。

表2-11 2020年长三角都市圈CRDI总指数、分项指数得分和排名

城市	总指数 得分	总指数 排名	文化韧性 得分	文化韧性 排名	经济韧性 得分	经济韧性 排名	社会韧性 得分	社会韧性 排名	环境韧性 得分	环境韧性 排名	形象韧性 得分	形象韧性 排名
上海	0.558	3	0.498	4	0.550	3	0.459	4	0.563	2	0.720	5
杭州	0.490	5	0.364	7	0.472	4	0.403	8	0.461	7	0.750	4
南京	0.467	8	0.341	8	0.409	11	0.364	15	0.442	8	0.777	2
苏州	0.420	12	0.276	14	0.433	7	0.389	11	0.396	17	0.604	12
宁波	0.391	16	0.220	19	0.409	12	0.264	54	0.427	13	0.637	11
无锡	0.356	22	0.159	37	0.404	13	0.352	18	0.362	31	0.502	30
南通	0.305	39	0.135	51	0.326	27	0.302	32	0.347	44	0.414	56
常州	0.304	40	0.157	39	0.348	22	0.319	25	0.325	54	0.373	82
嘉兴	0.303	43	0.152	41	0.325	28	0.227	89	0.343	45	0.467	37
湖州	0.294	46	0.149	44	0.302	39	0.223	92	0.356	35	0.441	45
台州	0.293	47	0.129	56	0.309	35	0.210	102	0.361	32	0.454	39

续表

城市	总指数 得分	排名	文化韧性 得分	排名	经济韧性 得分	排名	社会韧性 得分	排名	环境韧性 得分	排名	形象韧性 得分	排名
绍兴	0.292	48	0.155	40	0.322	31	0.199	116	0.348	43	0.438	46
金华	0.292	49	0.138	50	0.281	52	0.269	48	0.338	49	0.435	47
扬州	0.292	50	0.158	38	0.325	29	0.265	53	0.324	55	0.388	71
镇江	0.255	65	0.109	71	0.268	56	0.301	33	0.280	111	0.316	127
芜湖	0.252	66	0.093	97	0.313	34	0.195	122	0.262	139	0.400	65
马鞍山	0.235	81	0.072	144	0.230	79	0.223	93	0.259	145	0.390	69
舟山	0.231	86	0.117	62	0.213	100	0.142	208	0.339	48	0.342	101
泰州	0.222	102	0.093	96	0.289	50	0.160	178	0.284	107	0.282	170
淮安	0.210	122	0.079	122	0.187	147	0.171	165	0.278	116	0.337	105
宣城	0.207	128	0.063	168	0.207	108	0.118	232	0.281	109	0.367	87
滁州	0.207	130	0.066	160	0.212	101	0.136	215	0.232	204	0.386	73

资料来源：笔者制作。

5. 青岛都市圈

青岛都市圈是胶东半岛经济最为发达的区域，在18个都市圈样本中，城市韧性发展指数均值排名第5，特别是城市形象韧性指数表现良好，但城市文化韧性指数却差强人意，得分仅为0.138（见图2-11）。

具体来看，青岛都市圈内部城市的CRDI指数表现较为均衡，青岛、烟台、潍坊、威海的城市韧性发展指数均排名靠前（见表2-12），其变异系数值仅为0.216，在全部都市圈样本中是最低的。青岛作为青岛都市圈的中心城市，城市经济韧性和社会韧性有待进一步加强。都市圈内其他城市在社会韧性水平方面也

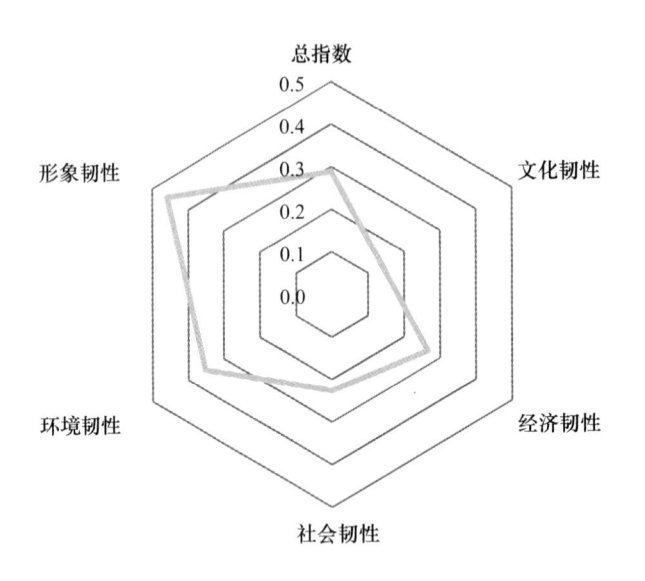

图 2-11 2020 年青岛都市圈 CRDI 总指数和分项指数均值

资料来源：笔者制图。

是短板，表明提升城市社会韧性应成为青岛都市圈加强城市韧性建设的主要发力点。

表 2-12 2020 年青岛都市圈 CRDI 总指数、分项指数得分和排名

城市	总指数 得分	排名	文化韧性 得分	排名	经济韧性 得分	排名	社会韧性 得分	排名	环境韧性 得分	排名	形象韧性 得分	排名
青岛	0.387	17	0.228	18	0.314	33	0.299	36	0.441	10	0.653	10
烟台	0.295	45	0.123	60	0.293	47	0.258	62	0.350	41	0.453	40
潍坊	0.283	53	0.109	70	0.257	62	0.262	56	0.306	74	0.480	35
威海	0.255	64	0.104	82	0.261	58	0.199	115	0.337	50	0.377	78
日照	0.220	105	0.124	59	0.204	111	0.113	242	0.327	53	0.333	108

资料来源：笔者制作。

（五）城市韧性发展指数分项指数分析

从2020年288个样本城市的CRDI指数得分情况来看，在CRDI的5个分项指数中，城市形象韧性指数和城市环境韧性指数表现相对较好，城市经济韧性指数表现平平，城市社会韧性指数均值较低，城市文化韧性指数最弱。

1. 城市文化韧性

城市文化韧性更多地侧重于城市面对外部冲击时所拥有的精神定力和凝聚力。整体来看，全国城市的文化韧性水平较弱，平均得分仅为0.097，这主要是由于文化产业、友善气质和创新创业活力等3个二级指标得分全部小于0.05的低分所致，仅文化口碑相对较好，但均值也不高（见图2-12）。在未来城市文化韧性的建设过程中，应进一步发掘城市文化资源，加大对文化产业发展的支持力度，切实提升城市的创新创业活力。

具体来看，北京、香港、武汉、上海、广州、深圳、杭州、南京、厦门、成都是2020年全国城市文化韧性指数前10强城市（见表2-13）。北京作为我国

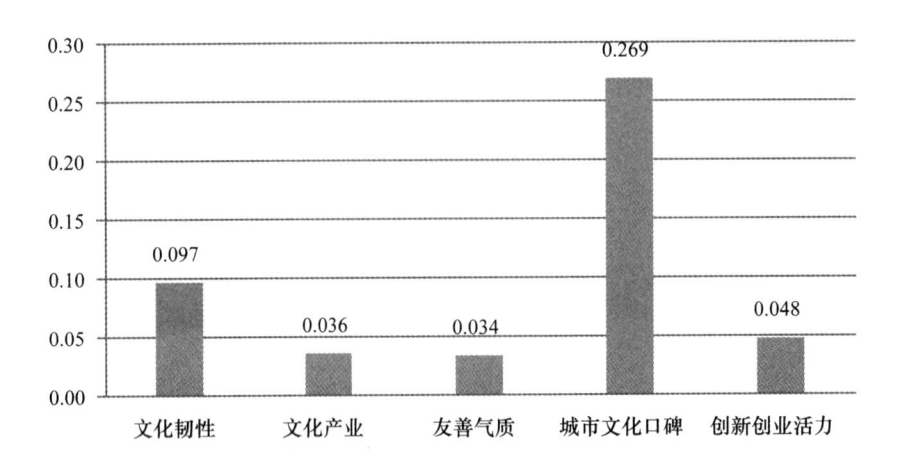

图 2-12　2020 年 288 个城市的城市文化韧性指数及其二级指标均值

资料来源：笔者制图。

四大古都之一，拥有丰富的历史文化积淀，其独特的皇城文化、四合院、胡同文化以及众多的文化教育机构等，更是为这座具有独特经济、政治地位的城市增添了浓厚的人文色彩。可以说，北京在城市文化方面具备得天独厚的优势，城市文化韧性高居榜首，其友善气质、城市文化口碑、创新创业活力 3 个二级指标均排名全国首位，体现出极强的文化韧性。城市文化韧性 10 强城市在友善气质、城市文化口碑、创新创业活力等方面表现都非常强势，但文化产业的表现却较为一般，仅有 4 个城市位列文化产业二级指标的前 10 名。

表2-13 2020年288个城市的城市文化韧性指数前10强

城市	文化韧性 得分	文化韧性 排名	文化产业 得分	文化产业 排名	友善气质 得分	友善气质 排名	城市文化口碑 得分	城市文化口碑 排名	创新创业活力 得分	创新创业活力 排名
北京	0.730	1	0.300	3	1.000	1	1.000	1	0.620	1
香港	0.650	2	1.000	1	0.327	4	0.719	7	0.554	3
武汉	0.514	3	0.099	12	0.799	2	0.836	3	0.321	10
上海	0.498	4	0.088	15	0.623	3	0.934	2	0.346	8
广州	0.397	5	0.087	16	0.285	5	0.743	5	0.474	4
深圳	0.374	6	0.073	25	0.222	5	0.738	6	0.462	5
杭州	0.364	7	0.077	22	0.261	6	0.768	4	0.349	7
南京	0.341	8	0.109	9	0.182	11	0.713	8	0.361	6
厦门	0.338	9	0.082	20	0.090	18	0.566	19	0.614	2
成都	0.321	10	0.183	4	0.250	7	0.703	10	0.147	19

资料来源：笔者制作。

2. 城市经济韧性

城市经济韧性是指城市在遭遇外部冲击后表现出的经济反弹能力以及面对极端灾害时的防范、响应和恢复能力（秦尊文，2020），需要城市具备较强的经济基础和经济发展动能支撑。整体来看，当前我国城市的经济韧性水平较为一般，平均得分为0.210。经济发展基础包括人力资本、投资以及创新要素禀赋的投入，而目前我国城市在人力资源禀赋方面的投入相对不足，经济韧性中的人力资源指标平均得分仅为0.071，严重制约了当前城市经济韧性水平的发展（见图2-13）。未来需要进一步加强创新要素的投入，进而提升城市的经济韧性水平。

具体来看，北京、深圳、上海、杭州、东莞、香

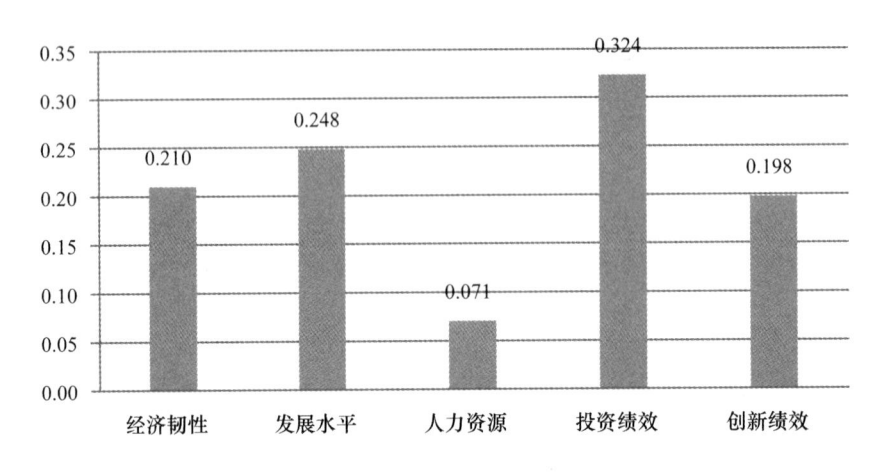

图 2-13　2020 年 288 个城市的城市经济韧性指数及其二级指标均值

资料来源：笔者制图。

港、苏州、武汉、西安、成都为 2020 年城市经济韧性的前 10 强城市（见表 2-14）。北京位列城市经济韧性榜首。作为全国的科技创新中心，北京会聚了大量高层次人才，是国外人才来华或归国的首选地。此外还拥有雄厚的教育资源支撑。截至 2019 年，北京共有普通高等院校 91 所以及 117 个科研机构，其在创新绩效和科技人才方面具备无可比拟的优势，在人力资源和创新绩效两个二级分项指数上排名首位。此外，从二级分项指标得分来看，城市经济韧性 10 强城市普遍在人力资源和创新绩效方面表现较好，即这些城市更加重视对人力资本的投入以及对科技创新的推动，有效提升了自身的经济韧性水平。

表2-14　　2020年288个城市的城市经济韧性指数前10强

城市	经济韧性		发展水平		人力资源		投资绩效		创新绩效	
	得分	排名	得分	排名	得分	排名	得分	排名	得分	排名
北京	0.750	1	0.532	4	1.000	1	0.499	10	0.967	1
深圳	0.604	2	0.504	6	0.491	2	0.607	2	0.815	2
上海	0.550	3	0.530	5	0.429	3	0.480	17	0.760	3
杭州	0.472	4	0.474	9	0.320	5	0.482	16	0.613	6
东莞	0.464	5	0.392	23	0.214	18	0.621	1	0.629	4
香港	0.441	6	0.625	2	0.399	4	0.233	261	0.507	14
苏州	0.433	7	0.498	7	0.127	38	0.489	13	0.616	5
武汉	0.429	8	0.450	12	0.196	22	0.489	12	0.581	8
西安	0.422	9	0.363	40	0.281	8	0.466	21	0.578	10
成都	0.422	10	0.397	22	0.220	16	0.492	11	0.579	9

资料来源：笔者制作。

3. 城市社会韧性

城市社会韧性是指城市社会各个主体在威胁或者灾难来临时能够保持理性，不放大危险的能力（仇保兴，2020），需要城市具备良好的设施基础，以及在教育、医疗、社会保障等方面具备强大的服务能力。整体来看，当前我国城市的社会韧性水平较为一般，平均得分为0.197（见图2-14）。经过多年的发展，我国城市在基础设施、公共空间营造及服务配套等方面已经积累起一定的优势，为城市社会韧性提供了坚实基础，城市社会韧性的基础环境平均得分相对较高，为0.344。相比较而言，公共医疗和社会保障这两项指标得分相对较低，分别为0.148和0.106，未来需要进一步加大投入并深化公共医疗和社保制度的改革，切实提升城市社会韧性水平。

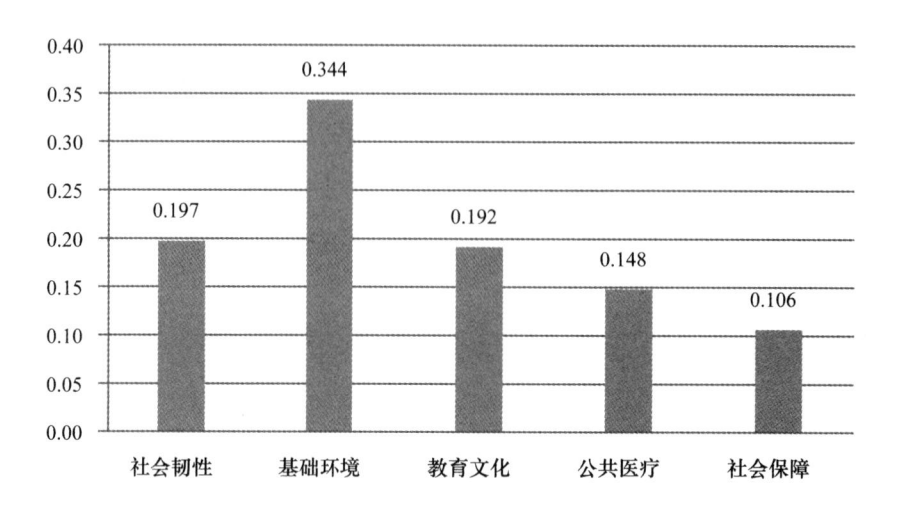

图 2-14　2020 年 288 个城市的城市社会韧性指数及其二级指标均值

资料来源：笔者制图。

具体来看，深圳、澳门、东莞、上海、北京、香港、厦门、杭州、广州、沈阳为 2020 年城市社会韧性指数前 10 强城市（见表 2-15）。从社会韧性的二级指标数据来看，城市社会韧性 10 强城市普遍在教育文化和社会保障方面表现优越，但在基础环境和公共医疗方面却仍有较大提升空间。城市社会韧性 10 强城市大多为一、二线城市，人口规模巨大，存在不同程度"大城市病"，社会服务资源相对紧缺，城市基础环境建设面临较大压力。比如大城市实际上都普遍面向更广阔的周边地区提供公共医疗服务，公共医疗压力依然很大，"看病难"和"看病贵"问题依然存在。2020 年新冠肺炎疫情的暴发，曾一度引发部分城市医疗资源的紧张局面，表明我国城市的社会韧性基础建设特别是医疗设施与服务方面，还存在较大的缺口，亟待加以提升。

表 2-15　　2020 年 288 个城市的城市社会韧性指数前 10 强

城市	社会韧性 得分	排名	基础环境 得分	排名	教育文化 得分	排名	公共医疗 得分	排名	社会保障 得分	排名
深圳	0.594	1	0.355	115	0.824	1	0.323	41	0.875	1
澳门	0.562	2	0.522	6	0.572	10	0.339	32	0.813	3
东莞	0.486	3	0.193	279	0.623	5	0.257	74	0.873	2
上海	0.459	4	0.330	165	0.719	3	0.387	19	0.399	8
北京	0.453	5	0.232	263	0.721	2	0.414	13	0.445	5
香港	0.438	6	0.622	2	0.579	9	0.550	1	0.000	288
厦门	0.427	7	0.409	62	0.636	4	0.219	106	0.442	6
杭州	0.403	8	0.300	204	0.528	17	0.456	5	0.330	12
广州	0.391	9	0.166	285	0.588	8	0.431	7	0.378	9
沈阳	0.390	10	0.417	54	0.519	18	0.424	8	0.201	30

资料来源：笔者制作。

4. 城市环境韧性

城市环境韧性是城市生态文明和环境可持续发展能力的重要体现。近年来，我国城市在发展过程中，越来越重视城市环境的保护和治理，城市绿化面积大幅提升，城市 PM2.5 指数也有所下降，城市环境质量大幅提升。同时，循环经济、海绵城市、绿色建筑、立体建筑等城市建设新理念也在加快普及。从城市环境韧性指数的得分来看，环境质量平均得分为 0.607，表现最好，表明我国城市在城市绿化、污染治理和垃圾处理等方面取得积极进展。城市生态保护有助于提升城市应对暴雨、沙尘、雾霾等自然灾害的能力，但数据显示，我国城市在生态保护方面表现一般，平均得分仅为0.033，需要进一步提升（见图2-15）。

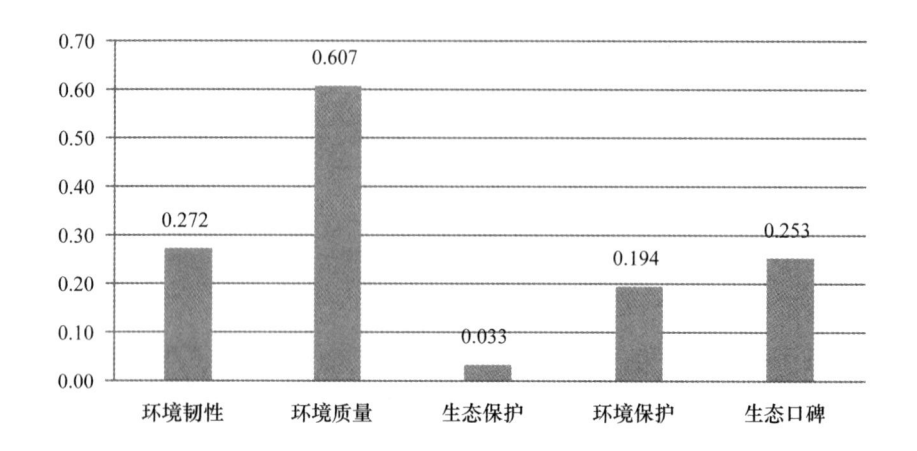

图2-15 2020年288个城市的城市环境韧性指数及其二级指标均值

资料来源：笔者制图。

具体来看，北京、上海、深圳、广州、重庆、成都、杭州、南京、厦门、青岛为2020年城市环境韧性的前10强城市（见表2-16）。从环境韧性的二级指标数据来看，城市环境韧性10强城市普遍在环境保护和生态口碑方面表现优秀，但环境质量和生态保护方面，则存在明显的不足。

表2-16 2020年288个城市的城市环境韧性指数前10强

城市	环境韧性		环境质量		生态保护		环境保护		生态口碑	
	得分	排名	得分	排名	得分	排名	得分	排名	得分	排名
北京	0.571	1	0.664	116	0.084	33	0.538	5	1.000	1
上海	0.563	2	0.675	99	0.055	65	0.580	3	0.942	2

续表

城市	环境韧性 得分	环境韧性 排名	环境质量 得分	环境质量 排名	生态保护 得分	生态保护 排名	环境保护 得分	环境保护 排名	生态口碑 得分	生态口碑 排名
深圳	0.547	3	0.754	15	0.005	159	0.669	1	0.762	5
广州	0.497	4	0.690	77	0.000	246	0.559	4	0.740	6
重庆	0.492	5	0.667	109	0.200	6	0.368	15	0.734	7
成都	0.463	6	0.632	150	0.028	105	0.498	7	0.693	9
杭州	0.461	7	0.667	106	0.028	104	0.380	14	0.768	4
南京	0.442	8	0.652	131	0.000	184	0.427	10	0.690	10
厦门	0.442	9	0.765	12	0.029	100	0.426	11	0.546	19
青岛	0.441	10	0.684	84	0.004	160	0.468	8	0.607	15

资料来源：笔者制作。

5. 城市形象韧性

城市形象建设是近年来普遍比较关注的问题，而城市形象韧性，也能给城市在面对外部冲击时，起到引导负面舆情、维系公众信心的作用。在数字技术快速发展的背景下，新媒体、大数据和人工智能的应用，改进了政务服务的智能化水平，拉近了政府和市民的距离，同时也强化了城市的形象建设与推广能力。在城市形象韧性的二级指标中，政务新媒体传播和政务新媒体服务这两个指标平均得分较高，分别为0.389和0.358（见图2-16）。

具体来看，成都、南京、北京、杭州、上海、深圳、广州、西安、武汉、青岛为2020年城市形象韧性指数的前10强城市（见表2-17）。成都位列城市形象韧性榜首，主要得益于其在政务新媒体传播和政务

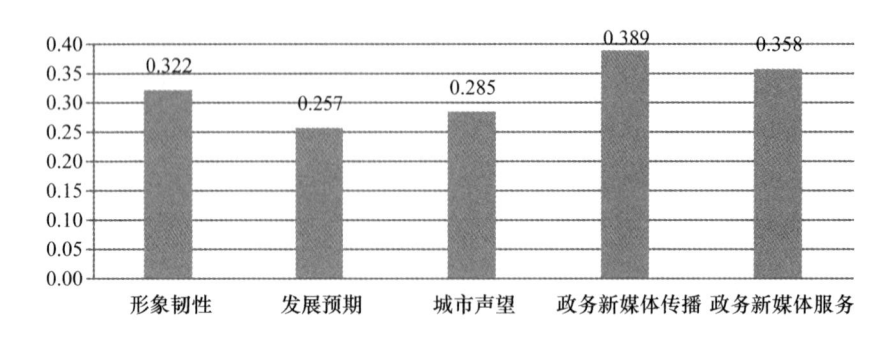

图 2-16　2020 年 288 个城市的城市形象韧性指数及其二级指标得分均值

资料来源：笔者制图。

新媒体服务两个二级指标的优异表现。成都擅长利用抖音、微信等自媒体渠道，不断推广成都的城市形象，获得了很好的成效，成为近年来最具代表性的"网红

表 2-17　2020 年 288 个城市的城市形象韧性指数前 10 强

城市	形象韧性 得分	排名	发展预期 得分	排名	城市声望 得分	排名	政务新媒体传播 得分	排名	政务新媒体服务 得分	排名
成都	0.854	1	0.720	8	0.695	8	1.000	1	1.000	1
南京	0.777	2	0.705	10	0.686	9	0.864	2	0.854	2
北京	0.770	3	1.000	1	1.000	1	0.495	59	0.586	18
杭州	0.750	4	0.764	6	0.765	3	0.735	3	0.734	3
上海	0.720	5	0.963	2	0.907	2	0.425	104	0.583	19
深圳	0.712	6	0.846	3	0.722	7	0.634	14	0.645	8
广州	0.700	7	0.783	5	0.727	5	0.619	18	0.669	7
西安	0.669	8	0.632	14	0.637	12	0.723	4	0.683	6
武汉	0.664	9	0.618	15	0.657	11	0.655	9	0.726	4
青岛	0.653	10	0.636	13	0.600	15	0.682	5	0.693	5

资料来源：笔者制作。

城市"之一。从城市形象韧性的二级指标数据来看，城市形象韧性10强城市所有二级指标方面都表现出色，仅上海市在政务新媒体传播方面略显不足，说明我国城市在形象塑造和传播方面，已获得较为成熟的能力。未来应进一步加强城市形象建设的专业化水平，打造城市品牌，提升城市的形象韧性水平及其对城市战略的支撑作用。

综上所述，我国城市的韧性系统建设已取得可喜的进展，但距离保障和支撑城市高质量发展还存在诸多的不足，比如城市间韧性水平过于分化、城市内部韧性系统明显不均衡、区域韧性发展不平衡等。未来各城市和地区应从自身实际出发，加强城市韧性系统的检视、规划和建设。接下来本书拟引入城市品牌的评测和分析，以进一步探讨需求导向的城市韧性表现，以及城市韧性系统建设与城市品牌建设之间的关系，进而为我国城市的高质量发展提出更具针对性的对策建议。

三 中国城市品牌发展指数测评（2020）

城市营销与品牌化是打造城市综合性影响力、提升城市可持续竞争力的有效战略工具，也是城市治理体系和治理能力现代化的重要领域。中国城市营销与品牌化进程和城市化加速发展的进程同步，在提升城市竞争力、优化城市宜居环境、促进区域协调发展乃至支撑国家形象方面都发挥了积极的作用。近年来，随着新型城镇化战略纵深推进，我国城市的品牌化发展稳步推进。城市进一步摆脱无序开发模式，进入到追求高质量发展的阶段。在新冠肺炎疫情大流行的背景下，如何加强韧性城市建设、提升城市品牌韧性，以促进城市品牌增值和优化，成为城市治理的重要议题。

城市品牌发展指数（CBDI）遵循"五位一体"的新型城镇化战略要求，从城市文化品牌、城市旅游品牌、城市投资品牌、城市宜居品牌和城市品牌传播5个维度，对内地及港澳地区的288个城市进行了品牌发展绩效的评估。同时，基于本书提出的与CBDI同构的省域品牌发展指数（PBDI）和城市群品牌发展指数（ABDI），笔者还选取内地30个省（直辖市和自治区）及20个主要城市群的品牌发展情况进行了测评。其中，CBDI指数设立5个一级指标、20个二级指标和62个三级指标，PBDI和ABDI指数分别设立5个一级指标、19个二级指标和34个三级指标。通过上述指标体系，本书旨在勾勒国家新型城镇化背景下我国城市品牌和区域品牌的发展状况，从不同角度揭示各城市、各地区在品牌化进程中的优势与潜力、问题和不足，以为中国城市及区域进一步提升品牌建设绩效，提供决策的参考。

（一）总体发展态势

2020年中国城市品牌发展指数（CBDI）排名前10强分别是北京、上海、杭州、深圳、成都、广州、重庆、香港、武汉、南京。同2019年的排名相比，杭州上升1名成为第3名，深圳上升3名来到第4名。香港下降5名变为第8名，重庆、南京均下降了1名。武汉上升3名进入前10名，天津下降2名，跌出了前10。从CBDI前100强的分布来看，华东地区遥遥领先。华东地区独得CBDI百强的43席，其中浙江11

席，江苏和山东各10席，成为中国城市强势品牌的高地；其次是华南地区，占据14席，其中广东得8席；华北地区有12个城市进入百强，以京津为引领城市，河北占7席；其余华中、西北、西南和东北地区跻身百强的城市均为个位数。上述百强城市中，南方城市首超六成，刚好是60个，北方城市仅占40席。

具体来看，2020年度的城市品牌发展，表现出如下发展态势和特征。

1. 新型城镇化建设持续推进，城市品牌价值的韧性支撑初显

2019年末，我国城镇常住人口为84843万人，常住人口城镇化率首次突破60%，为60.60%，比上年末提高1.02个百分点。户籍人口城镇化率为44.38%，比上年末提高1.01个百分点，新型城镇化建设持续推进。进入2020年以来，受新冠肺炎疫情的影响，2020年度纳入测评的288个城市的CBDI指数有所回落，CBDI均值为0.295，同比下降约4%。与疫情全球大流行对经济社会的全面深刻影响相比，这个降幅仍不算大。其中，排名前100位的城市，CBDI总分均值同比下降约3.7%，而排名前10位的城市同比仅下降2.9%，这表明我国城市特别是一、二线城市的城市品牌价值韧性对城市发展韧性已形成初步的支撑效应。

2. 城市品牌发展格局趋于稳定，品牌网络体系更加完善

近年来，随着我国人口和产业向大都市圈聚集的趋势日趋显著，三、四线城市发展内卷化倾向越发明显。中小城市对资源的调控能力和对要素的吸引力与大城市之间的差距加大，一定程度上对其品牌实现突破性发展形成了制约。总体来看，我国城市品牌等级和格局有逐步固化的趋势。未来中小城市应进一步明晰发展定位，摒弃发展战略和规划中脱离实际的部分，重点对接和融入大城市和都市圈的发展，这将进一步优化全国城市品牌网络体系，更好地促进区域协同发展。

3. 投资品牌在挑战中发掘机遇，对城市品牌的支撑超过预期

2020年，城市投资品牌指数的回落幅度（-2.5%）小于CBDI指数总分回落幅度（-4.0%），也低于城市文化品牌（-8.6%）、城市旅游品牌（-3.0%）和城市宜居品牌（-10.0%）的回落幅度（见图3-1）；同时，投资品牌指数与CBDI指数的分差较小，低于文化品牌和宜居品牌的差距（见表3-1）。城市投资品牌对城市品牌的支撑作用超过预期。2019年全年货物进出口总额、全社会固定资产投资、

战略性新兴产业增加值和技术制造业增加值分别实现同比增长3.4%、5.1%、8.4%和8.8%，对中国城市品牌的投资价值形成正向推动作用。2020年前三季度国内生产总值722786亿元，按可比价格计算同比增长0.7%。疫情大考下中国经济已实现正增长，大大提振了经济发展预期和信心。随着城市经济发展围绕内外"双循环"展开重新布局，未来投资品牌有望成为城市品牌成长的关键推动力量。

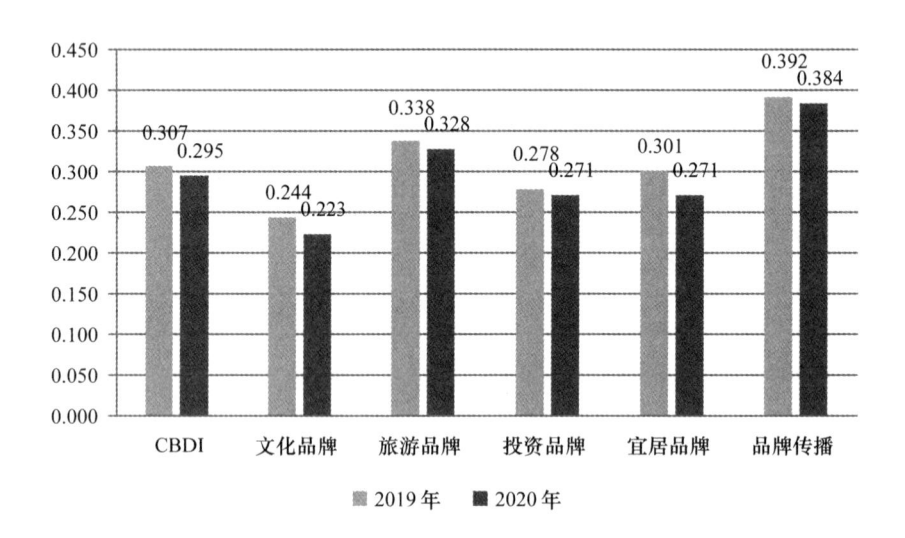

图3-1 2019年与2020年城市品牌发展指数均值的对比

资料来源：笔者制图。

表3-1　　　　　CBDI总分与一级指标得分的分差对比

与CBDI的分差	文化品牌	旅游品牌	投资品牌	宜居品牌	品牌传播
前10	-0.021	-0.026	0.045	-0.108	0.111
前100	-0.060	0.015	-0.007	-0.052	0.104
全部288城	-0.073	0.033	-0.024	-0.025	0.089

资料来源：笔者制作。

4. 宜居品牌重回均衡短板，旅游发展面临双重危机

继 2019 年一度高涨之后，2020 年度的城市宜居品牌出现较大滑落，这可能与疫情冲击下市民主观幸福感下降有关，同时也和公共服务特别是公共卫生管理的相对不足有较大关系，宜居品牌再次成为城市品牌的短板。此外，旅游品牌受疫情影响更为直接。一方面，文旅融合进展仍较为缓慢，城市旅游的同质化竞争较为普遍，加之突发重大公共卫生危机的暴发，跨省出行受限，入境旅游更是断崖式下滑，让城市旅游品牌的成长蒙上阴影。未来城市应不断提升旅游管理、夯实旅游发展韧性，打造更安全、更富吸引力的旅游目的地形象。

（二）"韧性"视角下的城市品牌发展态势

城市的快速发展和扩张引发高度聚集的人口分布及高强度的经济活动，城市各系统间的联系日益复杂化和多元化，城市的内生性风险和外部不确定性增加。尤其是新冠肺炎疫情的暴发，更是严重影响着城市经济社会的稳定运行。在此背景下，如何提高城市应对

风险的能力，增加城市的发展韧性，对于城市迈向可持续发展和高质量发展来说至关重要。本书的 CRDI 指标，同时也是 CBDI 的 28 个三级指标，可作为城市品牌韧性要素贡献指标（RFC）来测度韧性要素对城市品牌发展指数的贡献值。具体计算方法是，韧性要素指标值的合成方式与城市品牌发展指数（CBDI）的合成方式相同，韧性相关要素指标中各子指标的权重与其在城市品牌发展指数中指标权重相同。通过对全国 288 个城市的韧性要素指标的贡献值进行对比分析，可以得出如下基本结论。

1. 城市品牌韧性两极分化严重，且地区分布不平衡

2020 年度韧性要素对 CBDI 的贡献值均值为 0.096。其中，华东城市的韧性均值最高，超过 0.1；华北和华中分别为 0.096 和 0.094，处于上游；华南和西南得分也略超 0.09，处于中游水平；西北和东北得分较低，分别为 0.082 和 0.076，城市品牌韧性表现处于下游水平（见表 3-2）。

表 3-2 各大区韧性要素对城市品牌发展指数（CBDI）的贡献值均值

区域	华北	东北	华东	华中	华南	西南	西北
RFC 均值	0.096	0.076	0.112	0.094	0.092	0.091	0.082

资料来源：笔者制作。

在 CBDI 前 50 的城市中，韧性要素指标贡献值排在前 5 名的城市分别是北京、上海、深圳、成都和杭州，末 5 位的城市分别是烟台、南宁、潍坊、金华和扬州。韧性要素指标贡献值居高的城市主要集中在一、二线城市和沿海城市，而贡献值偏低的城市主要分布在西南、西北和东北地区。排在第 1 名的北京韧性要素指标贡献值为 0.236，第 50 名的扬州韧性要素指标贡献值为 0.122，分差达 0.114，可见差距之大（见表 3-3）。从全国 288 个城市来看，这种区域上的差距更加明显。韧性要素指标贡献值排名靠后的城市同样也主要分布在西南、西北和东北地区。纳入测评的全国 288 个城市中，韧性要素指标贡献值在 0.15 以上的城市只有 20 个；得分 0.1 以上的城市也只有 93 个。可见推动城市品牌韧性的发展、建设韧性城市，在我国还有很大的成长空间。

表 3-3　　　　2020 年韧性要素指标贡献值前 50 名城市

城市	得分	排名	城市	得分	排名
北京	0.236	1	大连	0.144	26
上海	0.210	2	佛山	0.142	27
深圳	0.209	3	太原	0.141	28
成都	0.200	4	澳门	0.141	29
杭州	0.197	5	福州	0.141	30
香港	0.194	6	哈尔滨	0.138	31
南京	0.190	7	温州	0.135	32
广州	0.185	8	中山	0.134	33
武汉	0.182	9	兰州	0.134	34

续表

城市	得分	排名	城市	得分	排名
西安	0.175	10	长春	0.133	35
苏州	0.170	11	石家庄	0.133	36
重庆	0.169	12	嘉兴	0.131	37
宁波	0.166	13	泉州	0.130	38
青岛	0.165	14	湖州	0.128	39
天津	0.165	15	南通	0.128	40
厦门	0.164	16	洛阳	0.128	41
长沙	0.158	17	珠海	0.128	42
郑州	0.156	18	常州	0.128	43
济南	0.152	19	绍兴	0.127	44
南昌	0.152	20	贵阳	0.126	45
合肥	0.150	21	烟台	0.125	46
昆明	0.148	22	南宁	0.124	47
无锡	0.146	23	潍坊	0.123	48
沈阳	0.145	24	金华	0.123	49
东莞	0.145	25	扬州	0.122	50

资料来源：笔者制作。

2. 韧性要素指标贡献值与城市品牌发展显著正相关，但仍有较大提升空间

研究发现，韧性要素指标贡献值与城市品牌发展指数之间存在着显著的正相关关系。韧性要素贡献指数排名前列的城市，其城市品牌发展指数得分也往往排名前列，但韧性要素指标的分差较之CBDI的分差要小得多，表明我国城市的品牌韧性建设仍有较大提升空间。同时，韧性要素指标贡献值与CBDI的得分和排名对比值得进一步观察。比如杭州的韧性要素指标贡

献值排名全国第5,其城市品牌发展指数(CBDI)排名却为第3,这说明杭州的城市品牌韧性相对不足,存在一定隐忧。又如南京的韧性要素指标贡献值排名全国第7位,而城市品牌发展指数排名是第10位,这说明南京的城市品牌韧性具有优势,成为城市品牌发展的重要动力,等等。而更多韧性要素贡献值排名靠后的城市,其城市品牌发展指数排名同样靠后。以韧性要素指标贡献值末10位城市为例,包括鸡西、石嘴山、防城港、阜新、鹤岗、克拉玛依、铁岭、七台河、辽源、葫芦岛,这些城市的CBDI指数排名也分布在第261—288名之间。可见城市品牌韧性与城市品牌建设是相互影响的正相关关系(见图3-2)。

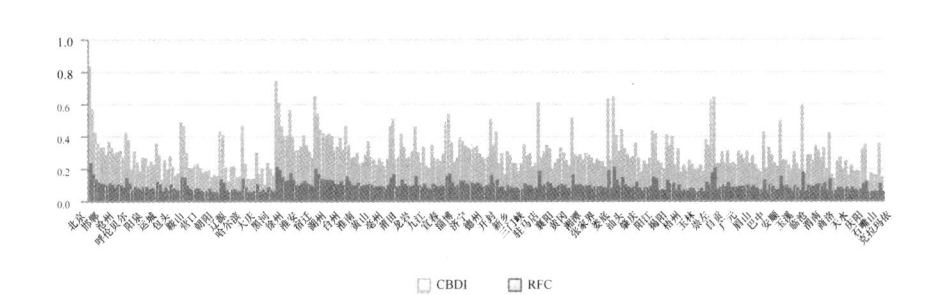

图3-2 韧性要素指标对城市品牌的贡献度

资料来源:笔者制图。

3. CRDI、CBDI及城市韧性口碑数据的进一步比较

为进一步考察我国韧性城市的发展态势,本书以城市韧性发展指数(CRDI)来测度城市的韧性底线表

现，以城市品牌发展指数（CBDI）来表征城市的韧性强度，以城市对应的韧性口碑数据来衡量城市的韧性意识，并将三组数据进行比较分析。

（1）我国城市韧性发展水平不及城市品牌发展水平

如前所述，城市韧性建设是城市及社区共建意识的底线思维，目的是构筑新发展格局的牢固基础。而城市品牌则是城市突破性发展的努力和城市功能特色化的表征。然而目前城市韧性建设的进展不及城市品牌，也就是说城市可持续发展的根基还不够牢固。其中，文化、经济、社会和环境等方面都表现出一些欠缺和不足。

（2）"韧性城市"意识严重不足，城市品牌韧性建设任重道远

为考察各城市的韧性建设的认知程度，本书提取了2020年前三季度城市对应的韧性口碑全网数据。韧性口碑数据能够反映在特定时段内一个城市对韧性城市的自觉意识（政策）、建设动态（项目）和公众认知评价，进而影响未来城市品牌韧性的发展。本书将韧性口碑数据经过标准化处理后与城市韧性发展指数（CRDI）及城市品牌发展指数（CBDI）的得分进行对比，发现城市韧性口碑与CRDI和CBDI呈弱正相关关系，并且得分的落差非常显著（见图3-3）。数据显示，仅部分一线城市和国家中心城市的韧性口碑获得高分，表明这些城市高度重视韧性城市建设，并形成了初步的政策、项目和舆论效应。但绝大多数城市的韧性口碑得分非常低，表明即使身处新冠肺炎疫情大流行时期，我国大多数城市的韧性城市意识还严重不足，特别是公共卫生设施、服务以及城市数字治理的建设方面还存在诸多不足，城市宜居品牌、投资品牌和旅游品牌均面临较大风险，亟待加强。

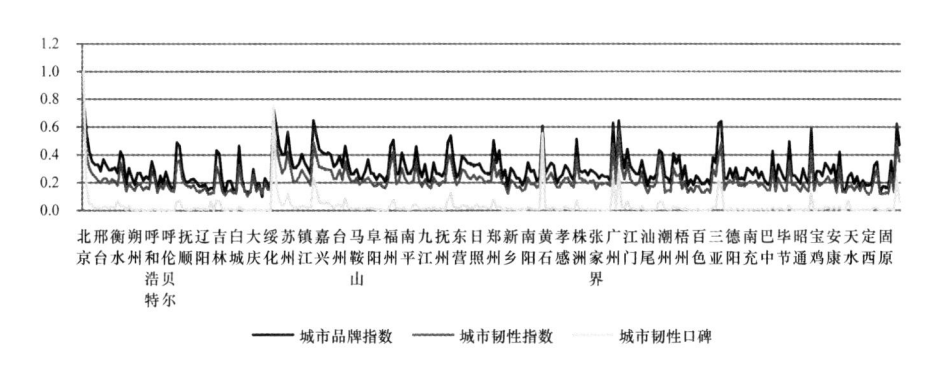

图3-3 全国288个城市的城市品牌、城市韧性与城市韧性口碑数据对比

资料来源：笔者制图。

（三）国家战略视野下的聚焦分析

1."一带一路"节点城市的城市品牌发展态势

首先，节点城市的城市品牌发展质量更高。"一带一路"节点城市积极参与"一带一路"行动，助推了城市品牌的发展。节点城市的CBDI均值为0.489，比全国城市的CBDI均值高出0.194分，指数下滑也比全国均值下滑小0.1个百分点，表明"一带一路"节点

城市已成为我国城市品牌发展的中坚力量。其次,"陆丝"节点城市的城市品牌全面优于"海丝"节点城市。2020年"陆丝"节点城市品牌发展实现大翻转,在CBDI总分及5个一级指标中的表现比"海丝"节点城市的表现更为突出。其中,优势最大的指标为文化品牌,对比"海丝"分差达到0.06;宜居品牌差距最小,"陆丝"节点城市亦领先0.014(见图3-4)。此外,节点城市的品牌均衡性有所提升。其中"陆丝"节点城市品牌均衡性更高,"海丝"节点城市的品牌均衡性也好于上一年。总体来看,随着西太平洋和印度洋的不确定性因素增加,"陆丝"节点城市的战略重要性进一步凸显,日益成为维护公共卫生安全的健康之路和保障能源安全的动力之路,未来城市品牌的进一步发展可期。"海丝"节点城市也应积极应对挑战,加快推进发展动能的转换,力争实现更高质量的发展。

2. 国家中心城市的城市品牌发展态势

国家中心城市是居于国家战略要津、体现国家意志、肩负国家使命、引领区域发展、参与国际竞争、代表国家形象的现代化大都市。作为全国城镇体系的核心城市,国家中心城市在我国金融、管理、文化和交通等方面都发挥着重要的中心和枢纽作用,

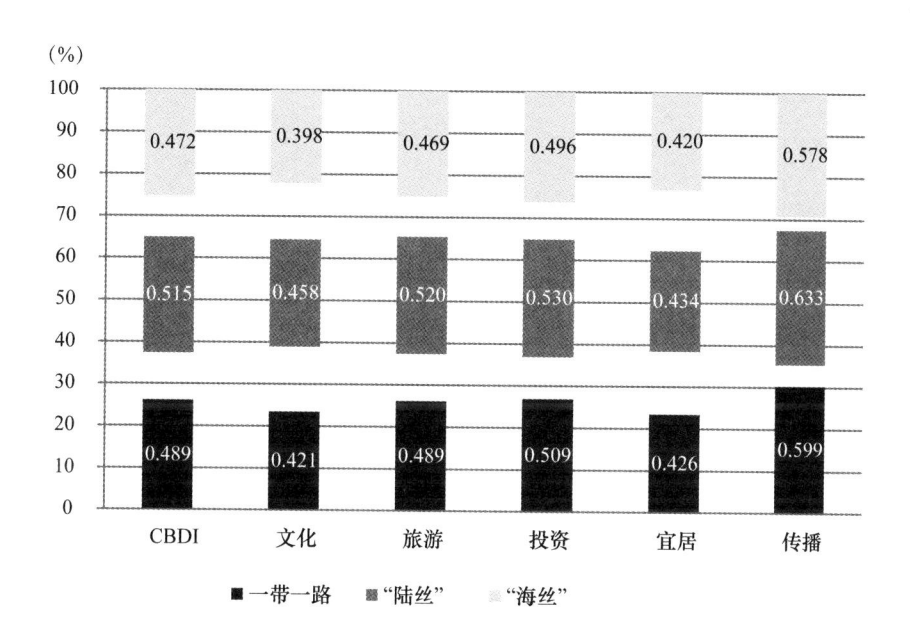

图 3-4 "一带一路"节点城市的城市品牌发展指数（CBDI）对比

资料来源：笔者制图。

也是推动国际经济发展和文化交流方面的重要门户，具有全国范围的中心性和一定区域的国际性两大基本特征。截至 2019 年底，我国共圈定 9 个国家中心城市，分别为北京、天津、上海、广州、重庆、成都、武汉、郑州和西安。另有 7 个城市明确提出"建设国家中心城市"规划，包括青岛、厦门、长沙、南京、杭州、济南和沈阳。国家中心城市及其主要功能定位如表 3-4 所示（附计划建设国家中心城市的功能定位供参考）。

表 3-4　　国家中心城市及其功能定位

城市	国家中心城市	功能定位
北京	第一批	建设国际一流的和谐宜居之都 全国政治中心、文化中心、国际交往中心、科技创新中心
上海	第一批	卓越全球城市 全国经济中心、国际金融中心、国际航运中心、国际贸易中心
广州	第一批	国家历史文化名城、国际商贸中心、综合交通枢纽、综合性门户城市、区域文化教育中心
重庆	第一批	西部开发开放战略支撑、长江经济带西部中心枢纽载体、长江上游地区经济中心、金融中心、商贸物流中心、科技创新中心、航运中心
天津	第一批	环渤海地区经济中心、中国北方经济中心、中国北方国际航运中心、物流中心、港口城市、生态城市
成都	第二批	西部地区重要的经济中心、科技中心、文创中心、对外交往中心、综合交通枢纽、公园城市
武汉	第二批	世界亮点城市 中国中部地区的中心城市、长江经济带核心城市、国家重要的工业基地、科教基地和综合交通枢纽
郑州	第二批	国际枢纽之城 中部地区重要中心城市、国家重要的综合交通枢纽、中原经济区核心城市
西安	第三批	三中心两高地一枢纽 西部地区重要的经济中心、对外交往中心、丝路科创中心、丝路文化高地、内陆开放高地、国家综合交通枢纽
青岛	计划建设	国际性、全国性、区域性三类综合交通枢纽
厦门	计划建设	国际性综合交通枢纽
长沙	计划建设	智能制造中心
南京	计划建设	东部地区重要的中心城市
杭州	计划建设	创新创业中心
济南	计划建设	全国新旧动能转换先行区、海陆双向开发枢纽
沈阳	计划建设	对外开放新前沿

资料来源：笔者整理。

本书对 9 个国家中心城市及 7 个计划申报城市的 CBDI 得分和排名进行了对比。总体而言，国家中心城市的城市品牌发展势头强劲，总分均值高达 0.638，是无可争议的城市品牌领导阵营。九大中心城市中，西安、天津和郑州的 CBDI 未进入前 10。"预备军" 7 个城市的 CBDI 均值为 0.541，得分和排名明显低于国家中心城市均值。但杭州和南京的 CBDI 均挺进前 10，实力非凡（见表 3 - 5）。从城市品牌发展质量的角度来看，杭州和南京作为未来国家中心城市的热门候选城市当之无愧。

表 3 - 5　　国家中心城市的城市品牌发展指数得分和排名情况

2020	北京	上海	成都	广州	重庆	西安	天津	武汉	郑州	平均
CBDI	0.835	0.741	0.642	0.630	0.626	0.589	0.568	0.607	0.504	0.638
排名	1	2	5	6	7	11	12	9	18	
2020	杭州	南京	青岛	长沙	厦门	沈阳	济南			平均
CBDI	0.648	0.606	0.538	0.514	0.506	0.489	0.488			0.541
排名	3	10	15	16	17	20	21			

资料来源：笔者制作。

3. "双创" 视角下的城市品牌

当前，以"大众创业、万众创新"推进创新驱动转型和高质量发展的进程进一步深化，打造双创生态系统成为提升城市内生增长动力的重要途径。在城市品牌发展指数体系中，创新创业指标作为城市投资品牌指数的二级指标，旨在测量城市双创生态系统的发展水平，具体包括创新投入（R&D 人员和 R&D 内部经费支出)、创新绩效(专利申请量、专利授权量、发明专利数量、众创空间纳税额及孵化器纳税额)、高校质量(各城市最好大学排名)、平台与设施(众创空间数、孵化器数)及创新创业口碑(城市创新创业纸媒及全网数据量)等5个三级指标。2020年CBDI测算数据显示,我国城市的创新创业水平处于建设和提升的阶段,是城市投资品牌4个二级指标中得分均值最高的指标(0.316),对城市投资品牌发挥着显著的正向作用。同时由于规模、设施和创新绩效的限制,创新创业对城市品牌的作用还有待进一步提升。数据显示,创新创业指标得分在0.5以上的城市仅有40个,0.4分以上的城市也仅74个,大多数城市的创新创业指标得分较低(见图3-5和表3-6)。

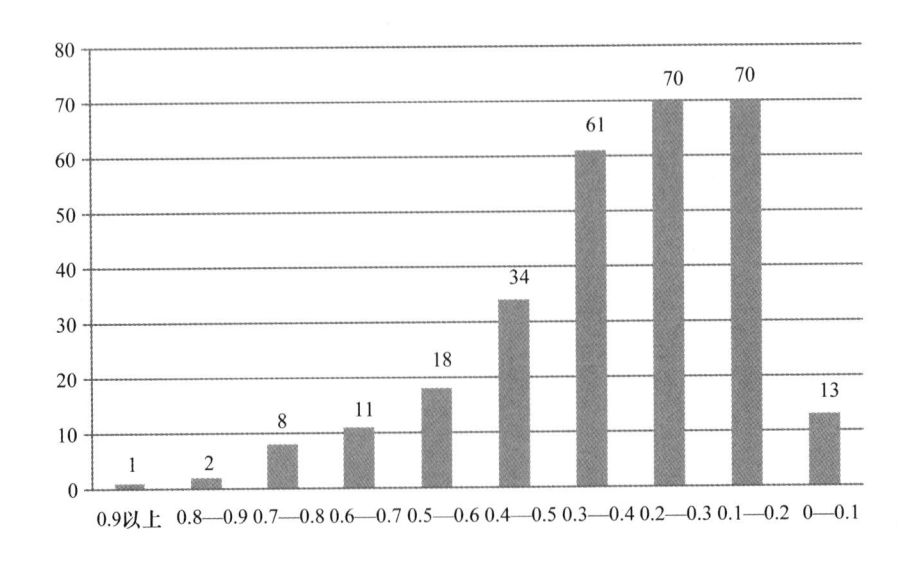

图3-5 创新创业指标各分数段城市品牌数量

资料来源:笔者制图。

表3-6　　　　　创新创业指标前30位城市的得分与排名

城市	创新创业	排名	城市	创新创业	排名
北京	0.904	1	济南	0.627	16
深圳	0.860	2	郑州	0.625	17
上海	0.833	3	长沙	0.613	18
杭州	0.793	4	东莞	0.613	19
香港	0.773	5	宁波	0.612	20
南京	0.762	6	合肥	0.604	21
武汉	0.745	7	无锡	0.603	22
苏州	0.739	8	长春	0.586	23
天津	0.708	9	大连	0.573	24
西安	0.707	10	沈阳	0.570	25
重庆	0.705	11	徐州	0.570	26
广州	0.679	12	福州	0.563	27
成都	0.677	13	哈尔滨	0.560	28
青岛	0.654	14	温州	0.541	29
厦门	0.629	15	石家庄	0.540	30

资料来源：笔者制作。

（四）中国城市品牌发展指数（CBDI）五年回眸（2016—2020）

自2016年起，笔者在原城市营销发展指数（CMI）的基础上，开发出城市品牌发展指数（CBDI）作为每年度《中国城市营销发展报告》的指数测评依据，至今已连续发布5次CBDI指数测评榜单。其间，CBDI指数框架进行了两次微调，总体指数框架保持着较强的稳定性和连贯性。本节拟对2016—2020年5次

CBDI 的测评结果进行一个纵向的分析，以在较长的时间框架下观察我国城市品牌的发展轨迹和演变特征，从而为未来城市品牌的提升提供参考和借鉴。由于 2016 年度的报告只选取了全国 100 个城市的样本，为确保数据的可比性，本节选取历年 CBDI 指数前 100 强城市作为样本进行分析。

1. 城市品牌的结构演变（2016—2020）：文化与宜居掣肘严重，传播和旅游成强劲引擎

2016—2020 年五年间中国城市的 CBDI 总分及各一级指标的得分均存在不同程度起伏跌宕。总体来看，城市品牌发展指数呈上升态势，而 5 个一级指标的表现却分化明显（见表 3-7、表 3-8、表 3-9）。从品牌结构的视角来看，我国城市品牌发展呈现出如下的特征和趋势。

（1）城市品牌持续成长，成为新型城镇化的重要助推力

2016—2020 年，是我国新型城镇化建设高速推进的新时期，城市发展从过去的盲目扩张开始转轨到高质量增长的道路上。在此过程中，全国 CBDI 前 100 强的城市品牌建设发挥了引领和带动的作用，CBDI 指数平均得分从 0.380 上升至 0.418，实现年均 2.42% 的增长，较同期全国城镇化率年均增长 1.95% 高 0.47%。同时，对比表3-7、表3-8和表3-9可以发现,城市品牌发展指数存在明显的"马太效应"。大城市、特大城市的压倒性资源优势和调控能力,有利于不断巩固其自身品牌地位,城市品牌网络体系相对出现固化的趋势。唯有站上时代的风口浪尖,在技术革命浪潮中占据产业链的优势位置(如深圳、杭州、成都、西安等),才能突破阻力,实现城市品牌的逆袭。

(2)品牌传播和旅游品牌成为城市品牌发展的强劲驱动力量

2016—2020年,城市品牌传播指数年均增长超过21%,引领作用空前彰显。这表明我国城市的宣传热情及力度持续高涨,城市品牌意识极大增强。随着"互联网+"战略的推进,带动了传播相关行业的快速转型,移动互联网和新媒体的重要性和影响力显著提高,城市品牌传播的技术平台、传播手段和传播理念迅速迭代,使得品牌传播成为城市品牌发展的最大牵引力。同时,借助互联网媒体的城市品牌传播还有助于缓解城市品牌的"马太效应",中小城市也能够运用互联网媒体在全国乃至全球范围内发出声音、获取关注。数据显示,CBDI的100强城市的品牌传播指数年均增长率高于TOP20城市,而TOP20城市的品牌传播指数又高于TOP10城市。

此外,城市旅游品牌年均增长超过一成,达

11.30%，推动城市品牌发展的作用显著。旅游作为市场化程度最高的城市功能之一，营销建设及品牌推广的创新与努力也在逐年加强。2015年我国第三产业首次在GDP占比超过50%，随后仍不断攀升。旅游作为第三产业的代表性行业之一，近年来从规模增长到业态升级均取得了令人瞩目的发展。各种网红打卡地此起彼伏，成为旅游走进大众生活的生动写照，旅游品牌带动城市品牌发展的成效有目共睹。同时，由于旅游同质化竞争加剧，使得拥有更多资源的一、二线城市占尽发展先机，导致大量旅游规划相对落后、资源相对稀缺的中小城市难以突出自身优势和特色，在旅游品牌打造上往往事倍功半。过去五年来的数据显示，CBDI前10强城市的旅游品牌指数年均增长率低于前20强城市，前20强城市的旅游品牌指数年均增长率又低于前100强城市。

（3）文化品牌与宜居品牌成为短板，同时也是未来城市品牌竞争的主阵地

2016—2020年，城市文化品牌和宜居品牌呈走低态势，年均增幅分别为 -5.94% 和 -5.33%，成为我国城市品牌发展的制约因素，也持续成为城市品牌结构的最大短板。这在某种程度上反映了文化和人居公共服务建设的相对滞后，以及城市文化意识觉醒和人民对美好人居生活需求升级所导致的认知落差。过去五年来，环境污染和房价高企等"城市病"对城市宜居品牌产生了较大的侵蚀作用。随着"房住不炒"等系列政策的落地，特别是"以人民为中心"的城市发展模式转型，为城市宜居品牌和文化品牌的发展打开了上升通道。显而易见，城市文化品牌和宜居品牌的建设，应是我国城市品牌未来竞争的重点领域，也是城市品牌发展的最大潜力空间所在。

（4）投资品牌在过去的五年里相对稳定，有望成为城市品牌发展新引擎

过去五年来，城市投资品牌总体表现较为稳定，但也呈负增长态势。后经济危机时代遭遇中美贸易战，令城市投资品牌发展一波三折，充满挑战和压力。但在经历了2018年的低谷之后，已开始出现上升的势头，未来有望成为城市品牌发展的新引擎。短期来看，疫情期间所展现的卓有成效的治理能力，让中国快速走出疫情阴影，于2020年第二、第三季度成为全球主要经济体中唯一正增长的国家，吸引FDI迅速回流，有利于城市投资品牌的发展和壮大；中期来看，经济发展以"内循环"为主，兼顾"外循环"，要求重构产业链韧性，同时提高国民平均收入并在第三产业中加速循环，生产和消费推动投资向好发展；长期来看，高端产业、高科技产业和未来产业的发展带来科技进步与经济发展，将推动城市投资品牌拥有更强大竞争力。

表 3-7　2016—2020 年 CBDI 前 100 强的 CBDI 总分及一级指标的得分对比

年度	CBDI	文化品牌	旅游品牌	投资品牌	宜居品牌	品牌传播
2016	0.380	0.458	0.282	0.467	0.456	0.237
2017	0.398	0.346	0.465	0.410	0.401	0.370
2018	0.378	0.346	0.459	0.332	0.390	0.362
2019	0.439	0.379	0.448	0.422	0.407	0.539
2020	0.418	0.358	0.433	0.411	0.367	0.522
年均增长率	2.42%	-5.94%	11.30%	-3.12%	-5.33%	21.81%

资料来源：笔者制作。

表 3-8　2016—2020 年 CBDI 前 20 强的 CBDI 总分及一级指标得分对比

年度	CBDI	文化品牌	旅游品牌	投资品牌	宜居品牌	品牌传播
2016	0.531	0.646	0.432	0.628	0.519	0.431
2017	0.539	0.492	0.581	0.583	0.481	0.556
2018	0.530	0.527	0.584	0.507	0.490	0.542
2019	0.619	0.578	0.591	0.637	0.556	0.733
2020	0.596	0.561	0.578	0.624	0.508	0.708
年均增长率	2.90%	-3.47%	7.58%	-0.15%	-0.57%	13.19%

资料来源：笔者制作。

表 3-9　2016—2020 年 CBDI 前 10 强的 CBDI 总分及一级指标得分对比

年度	CBDI	文化品牌	旅游品牌	投资品牌	宜居品牌	品牌传播
2016	0.598	0.706	0.522	0.684	0.558	0.518
2017	0.597	0.548	0.631	0.641	0.507	0.660
2018	0.587	0.588	0.632	0.570	0.527	0.618
2019	0.686	0.657	0.652	0.714	0.603	0.805
2020	0.660	0.639	0.634	0.705	0.553	0.771
年均增长率	2.52%	-2.47%	4.99%	0.74%	-0.23%	10.42%

资料来源：笔者制作。

尽管具体到每个城市，情况各有不同，但通过对过去五年数据的梳理，可以得出如下基本结论：一是应继续巩固和优化城市品牌传播与旅游品牌，确保城市品牌发展的基本动力；二是要进一步优化营商环境，着力提升投资品牌，培育城市品牌发展的新引擎；三是要加大城市文化与宜居环境的建设力度，并且尽可能在城市文化、城市宜居与城市旅游、城市投资和品牌传播之间建立紧密的战略性关联，以推动城市品牌迈向协同、均衡的高质量发展。

2. 城市品牌的区域分化（2016—2020）：华东、华南引领增长，华北和华中下滑明显

考察2016—2020年全国各大区域（港澳作为特别行政区单独归类）城市品牌百强CBDI均值、百强数量及平均排名的变动情况，发现华东和华南地区持续增长，成为城市品牌的引领性力量；华北和华中下滑明显；东北及港澳也出现收缩；西南和西北实现一定程度的增长（见表3-10）。

具体来看，各区域的城市品牌发展情况如下。

（1）港澳特区城市品牌有所下滑[①]

香港和澳门凭借强大的经济实力、社会活力和城

---

① 研究从2018年开始将香港和澳门纳入测评，故2016年和2017年无数据。

市声望,成为我国城市品牌中的强势品牌。然而近年香港和澳门的CBDI指数有所下降,年均增长率为-0.27%,平均排名下降6位。

表3-10 2016—2020年各区域CBDI百强城市的指数得分、数量及排名对比

比较项	年度	港澳特区	东北	西南	华南	华北	华中	华东	西北
CBDI指数均值	2016		0.373	0.456	0.384	0.384	0.372	0.383	0.334
	2017		0.393	0.397	0.415	0.401	0.38	0.401	0.378
	2018	0.551	0.403	0.391	0.376	0.382	0.366	0.373	0.344
	2019	0.599	0.470	0.451	0.433	0.432	0.454	0.432	0.409
	2020	0.548	0.452	0.449	0.418	0.417	0.415	0.412	0.378
平均年增		-0.27%	4.92%	-0.39%	2.14%	2.08%	2.77%	1.84%	3.14%
百强城市个数	2016		7	6	15	14	11	40	7
	2017		6	4	14	14	13	41	8
	2018	2	5	8	14	12	9	42	8
	2019	2	5	8	15	13	7	43	7
	2020	2	5	7	14	12	9	43	8
平均排名	2016		45	25	47	56	52	49	70
	2017		47	56	44	54	60	48	57
	2018	9	28	51	49	55	55	51	63
	2019	11	31	54	50	58	43	51	61
	2020	15	28	49	49	56	50	52	64

资料来源:笔者制作。

(2)东北地区强势品牌阵营缩水

CBDI百强城市品牌数据显示,2020年东北地区入选城市的CBDI指数为0.452,年均增长率为4.92%。

然而考虑到入选城市品牌数量从7个下降到5个,即拉低均值的城市被排除在统计范围外,表明东北地区的衰落形势尚未好转。

(3) 西南地区城市品牌梯队优化

过去5年里,西南地区入选CBDI百强的城市数量增加了1个,CBDI指数从0.456微降至0.449,年均增长-0.39%。新增城市拉低了平均水平,但区域城市品牌体系有所壮大,显示区域的发展潜力正在释放。

(4) 华南地区城市品牌持续成长

华南地区入选CBDI百强的城市数量减少了1个,且CBDI指数从0.384上升至0.418,年均增长2.14%,表明该地区城市品牌体系和城市发展活力均实现较好成长,城市品牌发展的领先程度进一步提升。

(5) 华北地区城市品牌体系失衡

华北地区入选CBDI百强的城市数量减少了2个,CBDI指数从0.384上升至0.417,年均增长率为2.08%,表明华北地区城市品牌与第一梯队华东和华南的差距有所扩大。京津冀协同发展虽然取得一定进展,但竞争优势不足,区域协同治理和城市品牌体系亟待优化,特别是北京和天津应更好发挥都市圈和城市群的协同与带动作用。

(6) 华中地区城市品牌发展活力不足

华中地区入选 CBDI 百强的城市减少了 2 个，CBDI 指数从 0.372 上升至 0.415，年均增长率为 2.77%。区域强势城市品牌有所成长，但整体表现缺乏活力，与第一梯队差距扩大。

(7) 华东地区城市品牌发展领先全国

华东地区入选 CBDI 百强的城市增加了 3 个，CBDI 指数从 0.383 上升至 0.412，年均增长率为 1.84%，是我国城市品牌的头部区域，并在第一梯队中实现了领先优势的进一步扩大。

(8) 西北地区城市品牌发展稳中有进

西北地区入选 CBDI 百强的城市增加了 1 个，CBDI 指数从 0.334 上升至 0.378，年均增长率为 3.14%，实现了较为稳健的增长。随着国家对西北地区发展的政策倾斜，以及该区域人民在文化、旅游、投资、宜居和传播等领域日渐高涨的建设热情，未来西北地区城市品牌发展有进一步提升的潜力。

3. 弄潮大时代：城市品牌前 20 强的起落得失 (2016—2020)

CBDI 前 20 强，是中国城市品牌的领导阵营。在 20 强榜单中的表现，也是反映特定城市乃至其所在区域发展的重要风向标。2016—2020 年，CBDI 前 20 强榜单中的城市有起有落（见表3-11），演绎出大时代城市品牌弄潮的鲜活图景。

（1）从CBDI前20强的分值和排名来看，大概有如下七类情形

一是持续保持领先的城市。包括北京（年均增长1.49%）、上海（年均增长0.49%）。

二是快速成长的城市。包括杭州（年均增长3.32%）、成都（年均增长4.02%）。

三是波动进步的城市。包括深圳（年均增长3.67%）、广州（年均增长1.49%）、重庆（年均增长4.29%）、西安（年均增长5.48%）、厦门（年均增长4.56%，跻身前20强，2016年第22名）、昆明（年均增长5.09%，于2020年排名第19位，在2016年仅排在第27名）。

四是表现稳定的城市。包括武汉（年均增长3.44%）、南京（年均增长4.83%）、宁波（年均增长3.34%）、长沙（年均增长2.99%）、沈阳（年均增长3.19%）。

五是波动退步的城市。包括香港（年均增长1.18%，但排名下降明显）、苏州（年均增长1.46%）、青岛（年均增长2.56%）、郑州（年均增长1.27%）。

六是持续衰落的城市。主要是天津，年均增长-1.49%。

七是跌出 20 强的城市。包括济南（年均增长 1.42%，2016 年排在第 16 名；2020 年则屈居第 21 名）、福州（年均增长 1.14%，2016 年第 18 名；2020 年排名第 25）、无锡（年均增长 1.21%，2016 年排在第 19 名；2020 年排名第 28）。

（2）从 CBDI 分值年均增长率看，明星城市领时代风骚

CBDI 年均增长率超过 3% 的城市有杭州、成都、深圳、重庆、武汉、南京、西安、宁波、厦门、昆明、沈阳，成为过去五年来城市品牌发展的明星城市；CBDI 年均增长率为负值的城市是天津；其余城市表现各有千秋，总体上均获得较好的成长。总的来说，CBDI 进步显著的城市品牌无不是充分把握住了时代机遇的城市，比如杭州和深圳，因为"互联网 +"科技强势崛起；成都、重庆、西安、厦门和昆明等城市，则充分彰显了自身在"一带一路"倡议中的角色和功能；而增长相对缓慢乃至落后的城市，往往缺乏城市品牌战略规划和产业支撑，曾经的优势资源和地位随着经济社会的发展变迁而失去支撑和推动力，同时也未能很好地融入城市群协同发展的多赢格局。

表 3-11   主要城市 2016—2020 年 CBDI 得分与排名变动

城市	年份	CBDI	排名	城市	年份	CBDI	排名
北京	2016	0.787	1	西安	2016	0.476	14
	2017	0.763	1		2017	0.531	10
	2018	0.753	1		2018	0.507	11
	2019	0.864	1		2019	0.628	10
	2020	0.835	1		2020	0.589	11
	年增	1.49%			年增	5.48%	
上海	2016	0.727	2	天津	2016	0.604	3
	2017	0.700	2		2017	0.548	9
	2018	0.659	2		2018	0.525	10
	2019	0.774	2		2019	0.616	11
	2020	0.741	2		2020	0.568	12
	年增	0.49%			年增	-1.49%	
杭州	2016	0.568	5	苏州	2016	0.533	8
	2017	0.576	5		2017	0.512	12
	2018	0.568	4		2018	0.501	13
	2019	0.675	4		2019	0.558	14
	2020	0.648	3		2020	0.565	13
	年增	3.32%			年增	1.46%	
深圳	2016	0.559	6	宁波	2016	0.475	15
	2017	0.597	3		2017	0.485	14
	2018	0.555	7		2018	0.470	16
	2019	0.649	7		2019	0.555	15
	2020	0.645	4		2020	0.542	14
	年增	3.67%			年增	3.34%	
成都	2016	0.548	7	青岛	2016	0.487	12
	2017	0.560	7		2017	0.483	15
	2018	0.560	5		2018	0.474	15
	2019	0.663	5		2019	0.568	13
	2020	0.642	5		2020	0.538	15
	年增	4.02%			年增	2.56%	

续表

城市	年份	CBDI	排名	城市	年份	CBDI	排名
广州	2016	0.593	4	长沙	2016	0.457	17
	2017	0.582	4		2017	0.472	16
	2018	0.556	6		2018	0.443	19
	2019	0.642	8		2019	0.539	16
	2020	0.630	6		2020	0.514	16
	年增	1.49%			年增	2.99%	
重庆	2016	0.529	10	厦门	2016	0.423	22
	2017	0.569	6		2017	0.490	13
	2018	0.547	8		2018	0.454	17
	2019	0.651	6		2019	0.530	18
	2020	0.626	7		2020	0.506	17
	年增	4.29%			年增	4.56%	
香港	2018	0.610	3	郑州	2016	0.480	13
	2019	0.682	3		2017	0.461	17
	2020	0.624	8		2018	0.440	20
	年增	1.18%			2019	0.531	17
					2020	0.504	18
					年增	1.27%	
武汉	2016	0.530	9	昆明	2016	0.407	27
	2017	0.529	11		2017	0.456	19
	2018	0.505	12		2018	0.445	18
	2019	0.591	12		2019	0.512	21
	2020	0.607	9		2020	0.497	19
	年增	3.44%			年增	5.09%	
南京	2016	0.502	11	沈阳	2016	0.431	20
	2017	0.548	8		2017	0.443	23
	2018	0.536	9		2018	0.421	22
	2019	0.634	9		2019	0.501	22
	2020	0.606	10		2020	0.489	20
	年增	4.83%			年增	3.19%	

资料来源：笔者制作。

四 我国韧性城市及城市品牌建设：意义、挑战及展望

进入21世纪以来，城市品牌建设渐成热潮，随后韧性城市理论和实践也开始兴起。2020年以来的新冠肺炎疫情大流行给世界敲响了警钟，如何建设能够有效应对突发重大公共卫生事件等各种危机和灾害冲击的韧性城市，比以往任何时候都显得现实和紧迫。同时，城市品牌如何才能在可持续发展的基础上更加健康地成长，也成为世界各国、各城市反思的问题。

（一）构筑城市韧性底线及提升城市品牌强度的意义

在当前复杂多变的国际国内新形势下，构筑城市韧性、加强城市品牌建设，具有重要的现实意义和时代价值。

1. 有助于达成供给和需求的高水平动态平衡，促进城市高质量发展

如前所述，城市韧性建设是城市发展的风险意识和底线思维体现，目的是为构建新发展格局筑牢基础。是实现城市全面协调可持续发展的基本供给侧保障与支撑。而城市品牌建设是城市创新思维和奋进意识的表现，是城市谋求突破性发展的努力，目的是强化并彰显城市独特优势，增益城市吸引力、竞争能力和抵御危机冲击的能力，是壮大和凸显城市功能的重要需求侧改革手段。构筑城市韧性、加强城市品牌建设，是确保供给与需求的高水平动态平衡、促进城市高质量发展的重要抓手。

2. 有助于倒逼制度改革和建设，推进城市治理体系和治理能力现代化

加强城市韧性相关的制度建设，迄今尚属我国城市规划政策与制度设计的短板。城市韧性建设要求全面和合理地设定加强城市防灾减灾能力的目标、举措和运行细则及相关制度建设。各城市应以应对新冠肺炎疫情大流行为契机，加快构建城市综合应急制度体系和运行机制，包括应急指挥、应急救援、应急设施、应急保障、应急物资储备等城市应急系统的制度建设

与运行机制衔接，切实提高城市的韧性水平。与此同时，城市品牌化则是夯实内部沟通与认同、提升治理体系与治理能力的重要推动力。当前，城市营销重外轻内的倾向并未有根本的改变，城市往往愿意在形象外宣方面投入更多资源和努力，而在城市内部沟通和协作方面却做得不多。事实上，城市品牌化是一个由内而外的生发过程。内部的沟通、对话和协作过程，是城市共识凝聚、治理体系编织和治理能力提升的过程。在内部沟通过程中，城市品牌定位的描述、目标的设立、议题的选取、项目的规划、资源的整合和行动的协同等城市营销关键要素都将得到充分的涵育。伴随内部沟通和认同的加强，一个城市必将能够积蓄更大的势能、更多的资源来投入到品牌对外传播之中，从而能够更加有效地奠定品牌建设的成功基础。因此，城市品牌化能够有效助推城市公私合作、部门协同和区域合作等制度建设与治理机制的优化。可以说，统筹城市韧性建设和城市品牌建设，是提升城市治理体系和治理能力现代化水平的重要抓手。

3. 有助于推动形成"以人民为中心"的城市发展新格局

过去多年来粗放、片面的城镇化模式，过度侧重城市规模扩展和经济总量增长，在环境、生态和民生质量等方面却着力不够，造成诸多消极的后果。近年来，随着"五位一体"总体布局和战略要求的加快落实，特别是"以人民为中心"发展理念的提出，城市生态文明建设以及宜居环境建设等开始呈现出新的气象。然而从 2020 年度的 CRDI 和 CBDI 指数分析来看，我国城市在社会治理和宜居建设方面还普遍较弱，特别是生态环境与民生质量仍然是城市建设中的短板，亟待加强。未来城市建设应进一步突出"以人民为中心"的原则，来不断提升城市生活和生产安全保障、服务品质与宜居水平。比如在民生质量方面，应继续拓展保障房、廉租房和共有产权房的实施范围，大力发展基础教育和公共医疗，提高城市生活便利度，降低城市居民的生活压力，让市民有更多获得感；在社会治理方面，创新社会管理方式，完善社会保障体系，拓展市民参与渠道，让市民普遍关注的问题能够及时得到响应和解决。在生态环境建设方面，更要继续扩大区域合作治理的力度，减排增绿、鼓励和倡导绿色生产和绿色生活方式，力争在转型发展进程中打赢生态环保攻坚战。可以预见，随着城市韧性和城市品牌建设的进一步提升，韧性主题和品牌化主题将成为未来各地区、各城市竞争与合作的重要主导因素；而人民的认同感、获得感和满意度，也将成为城市高质量发展的重要核心评价指标。

(二) 我国城市韧性与城市品牌建设的问题和不足

1. 我国城市韧性发展的问题与不足

尽管在抗击新冠肺炎疫情方面我国城市取得了巨大成就，展示出经济社会发展的强大韧性，但从城市韧性系统的定量测评来看，城市防范和抵御危机、灾害冲击的脆弱性仍不容忽视，城市韧性体系建设还有较大提升空间。

(1) 城市之间韧性水平发展不平衡、不充分

党的十八大以来，中国在经济社会发展、公共服务均等化等方面取得了巨大的进步，但发展不平衡、不充分的问题依然存在。城市韧性也同样存在发展不平衡、不充分的问题，从全国城市的城市韧性发展指数得分来看，全国城市的城市韧性水平整体不高。此外，由于城市自身在经济水平、文化水平、社会治理水平以及环境生态方面存在较大差异，因此不同城市在面对各种不确定风险时的适应、恢复和学习能力存在较大的差距。总体来看，东南地区和环渤海地区的城市韧性水平较高，一、二线城市的城市韧性水平较高，一线城市周边的都市圈的城市韧性水平较高，但是也存在一些不在上述范围内的城市韧性较高的城市和地区，如厦门都市圈城市韧性排名高于首都都市圈和长三角都市圈。

（2）城市韧性的系统均衡性不足

从2020年度的城市韧性发展指数来看，我国城市韧性系统建设普遍存在内部均衡性不足的问题。由于各城市的发展条件和发展水平千差万别，其内部韧性系统表现各有优劣，不一而足。比如成都的形象韧性高居全国榜首，但其社会韧性却仅名列第12；香港经济韧性全国第6，但环境韧性和形象韧性却分别只排在第20和第16，等等。未来城市应从自身实际出发，扬长补短，防微杜渐，持续增强韧性系统建设，为城市高质量发展奠定扎实基础。

（3）城市文化韧性成为短板

城市文化韧性是当前城市韧性的短板。相较于城市经济韧性、城市社会韧性、城市环境韧性和城市形象韧性，考虑文化培养的长期性，城市文化韧性的提升必然相对缓慢，但是城市在发展过程中也需要认识到文化对于城市韧性提升的重要性。急功近利、热衷于表面文化特色营造的努力往往于事无补。未来各城市应更加注重文化传承和发展，不断提升公共文化服务，提升城市文化的认同感和凝聚力。同时，进一步促进文化产业发展，提升城市的创新氛围，以有效激发城市的创新创业活力和文化魅力口碑，切实提升城市的文化软实力和文化韧性发展水平。

（4）社会韧性水平亟待提升

此外，当前我国城市社会韧性的发展水平也不高。城市的基础设施、医疗卫生、教育、社会保障和城市治理体系等均存在不同程度的不足乃至缺陷。一旦面临危机和灾害的冲击，城市生产和生活的和谐有序运转就会遭遇重大挑战。特别是中小城市、中西部地区城市在医疗、教育和社会保障等方面与大城市、东部城市还存在明显差距，需要有针对性地加大基础设施和社会服务建设，不断提升城市社会治理水平；对于大城市和东部经济发达城市而言，也需要进一步优化和提升基础设施建设和社会治理能力，尽可能减少"城市病"的发生，更好地满足居民的社会服务需求，提升城市社会的韧性水平。

2. 城市品牌建设面临的不足与挑战

2020年以来，中国城市营销与品牌化面临复杂的内外环境挑战，特别是新冠肺炎疫情和中美关系恶化，使得城市的生产和生活环境都发生了深刻的改变。各地围绕"六稳""六保"任务抓落实，着力营造内外"双循环"的经济发展新格局。城市品牌发展也进入到一个深度调整的阶段，以更好地推进城市迈向高质量发展。

（1）城市群品牌效应进一步增强，但区域协同发展仍显不足

本书纳入测评的20个城市群，包括粤港澳大湾区城市群和珠三角、海峡西岸、长三角、山东半岛、京津冀、长江中游、中原、晋中、成渝、北部湾、黔中、滇中、关中平原、兰州西宁、宁夏沿黄、呼包鄂榆、天山北坡、辽中南和哈长城市群等19个国家重点建设的城市群。指数测评发现：

首先，20个城市群的品牌发展分化现象明显，发展水平参差不齐。如图3-6所示，粤港澳大湾区城市群品牌继续大幅领先，ABDI指数得分为0.976。长三角和京津冀城市群分别位列第2和第3，得分分别为0.724和0.705，较2019年度均有明显增长。珠三角、成渝和山东半岛处于0.4以上的分数段，分别位列第4、第5和第6位。其余14个城市群的ABDI得分，则都在0.4以下，其中更有9个城市群的ABDI得分不到0.3。此外，上述20个城市群品牌的梯度效应也非常明显。粤港澳大湾区由于在珠三角的基础上加入港澳两个特别行政区，城市群品牌效应非常突出。长三角是国内最早形成的城市群，经济和形象基础雄厚、实力强劲。京津冀城市群品牌则随着北京疏解首都功能、京津冀协同发展提速而迅速提升，跻身国家级城市群三甲和领导阵营。上述3个城市群在协同发展和品牌建设方面，肩负着参与国际竞争、打造世界级城市群的使命，是我国城市群品牌的第一梯队。珠三角、成渝、山东半岛和中原城市群相较于前三甲城市群品牌尚存在一定差距，但整体水平也较高，是国家级城市群的第二梯队。长江中游城市群、滇中城市群、北部湾城市群、兰州西宁城市群、关中城市群、哈长城市群和黔中城市群等7个城市群，品牌建设有明显进展，属于第三梯队；呼包鄂榆、海峡西岸、天山北坡、晋中、辽中南、宁夏沿黄等6个城市群的品牌建设尚在起步阶段，核心城市的带动能力不足，区域品牌的发展及影响力都非常有限，是国家级城市群的第四品牌梯队。

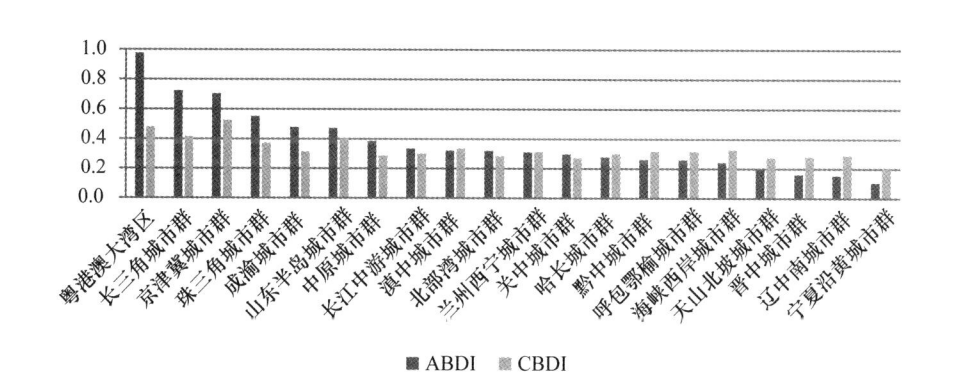

图4-1 20个城市群品牌指数（ABDI）及其内部城市CBDI均值的对比
资料来源：笔者制图。

其次，城市群品牌对区域内城市的带动作用有限，城市群品牌发展还有较大的空间。从图3-6可以看出，在 20 个城市群中，ABDI 指数得分超过群内城市 CBDI 均值的有 10 个。表明这 10 个城市群形成或初步形成了区域品牌的效应，对区域内城市品牌的发展发挥着正向的带动作用，区域协同发展取得进展。而其余 10 个城市群的 ABDI 得分尚不及群内城市 CBDI 的均值，表明这些城市群尚未生成应有的品牌强度，形象还主要依靠群内城市来带动。

在近年的新型城镇化建设进程中，中央不断强调要"提升城市群功能"，为未来城市与城市群品牌的互动发展提供了宝贵的政策契机。一是要加强部分城市群核心城市的工业化和城镇化，提升产城融合发展水平，提升核心城市的集聚与辐射能力，夯实城市群品牌发展的基础；二是要建立城市群内部城市之间的协同治理机制，减少定位雷同和同质化产业竞争，促进人口、资金、产业和技术等要素的充分流动，推动城市之间的优势互补与功能协同，共同构筑城市群的功能优势，进而共同打造更富魅力的城市群品牌形象。

（2）人才争夺战扩展到人口争夺，"以人为本"的城镇化建设亟待升级

2020 年以来，城市间的人才争夺战进一步加剧。部分城市和地区（如上海、苏州、广州、山东、江西等）增加直接落户条款、放宽落户政策，将人才争夺推向新高峰，表明越来越多的城市开始有人才危机感，包括壮大和优化产业人口、提升创新创业内生动能和促进消费增长的紧迫感。但不同的是，这次"抢人大战"的发生在新冠肺炎疫情大流行和国际局势复杂多变的背景下，有更多沿海一、二线城市开始加入其中，折射出我国新型城镇化的一些新趋势和新特点。一是大城市逐步放宽落户限制，促进城乡融合发展和城市化高质量发展在加速推进，但同时城市创新驱动转型和产业升级的挑战逐年加大，而且扩大内需和提振消费也成为城市经济社会发展越来越迫切的任务。二是沿海一、二线城市凭借更具吸引力的经济基础、产业环境和生活环境优势加入"人才争夺战"，无疑会加大内陆城市在吸引人才特别是"留住人才"方面的考验。越来越多的城市放宽落户限制，让人才要素按市场规则自由流动、用脚投票，客观上会激励我国城市展开扬长补短的竞赛和治理效能的比拼，有利于城市迈向均衡健康发展。三是此轮人才争夺战是否会侵蚀住房市场调控政策的效果，成为舆论关注的热点。各地应该对预期人才规模、结构和类别有较为理性的把握，以最大限度匹配本地产业规模、产业结构和产业类别的需要，同时力争确保新增人才群体的公共服务供给和必要的城市社会文化包容与和谐氛围，做到从吸引人才、留住人才，进而充分发挥人力资本的价值效应，而不是进一步加大"土地财政依赖"，为城市未来发展埋下隐患。

（3）城市品牌传播重内轻外，制约着城市品牌国际影响力的提升

城市品牌传播指数在2020年度有所回落，下降了1.9个百分点，但仍然是城市品牌发展指数中最强劲的维度。这一方面得益于我国城市品牌意识的普遍觉醒和城市营销能力的加强，尤其是政务服务更趋公开透明和地方融媒体快速发展也极大提升了城市品牌的传播效能；另一方面也得益于"互联网+"业态特别是社交媒体和应用的日益丰富，城市受众的踊跃参与极大促进了城市口碑的丰富性和内容量。然而从传播内容和范围来看，城市更加注重国内传播，国际传播声量不足，而且传播议题单薄。以CBDI百强和前10强城市为例，品牌传播指数下降幅度远高于全国城市均值，分别为3.2%和4.2%，其中国际知名度的数据下滑尤其明显，这表明我国城市品牌的上游城市特别是领导阵营的城市未能更好地承担起国际传播的使命，城市传播服务于城市发展大局、城市发展服务于国家发展大局的战略意识还有待提升。伴随"一带一路"倡议深化的城市形象国际传播环境的复杂化，城市品牌的国际传播成为未来城市品牌建设要突破的重点领域。

（4）文化和旅游品牌指数分化，文旅融合任重道远

2020年度的CBDI测评结果显示，城市文化品牌指数均值仍然是CBDI结构中得分最低的维度,均值仅0.223分,而旅游品牌指数则表现较为优秀,均值达0.328分。文旅品牌发展的不同步乃至分异,表明文旅融合助推城市品牌的力量还较为有限。文化是城市品牌的灵魂,也是旅游发展走出同质化竞争怪圈的底层资源。文旅融合发展要求从投入和管理方面齐头并进,打造更富活力的文旅品牌生态,进而促进城市品牌的健康发展。

(三)关于加强城市韧性及城市品牌建设的对策建议

基于前述指数研究和理论分析,本书对我国未来如何加强城市韧性和城市品牌建设,提出如下对策建议。

1. 建设韧性城市标准体系,优先夯实城市发展韧性

新冠肺炎疫情给城市管理者提出一个明确的要求,就是必须要重视城市的韧性,切实提升城市应对可预见和不可预见的灾害与危机的预防、抵御、恢复和重建的能力。为更好应对疫情及内外环境不确定性影响,增强发展韧性、建设韧性城市应该成为"十四五"期

间我国城市经济与社会发展的重要战略主线。在发展原则、目标特别是涉及产业、治理和环境的规划中，应明确提出打造韧性城市以及增强产业韧性（如增强产业链供应链自主可控能力等）、治理韧性（如强化城市社会治理与基层治理）、环境韧性（如进一步加强生态城市建设）和品牌形象韧性（如提升城市声望、优化城市形象等）的战略要求，让韧性概念成为城市规划和建设的高频词之一。各地应参考国际国内经验，从自身实际出发提出韧性城市建设的标准化指标体系，作为城市未来发展的重点检视与工作考核的重要参照。

2. 因城施策，精准发力，夯实城市韧性系统

由于城市在经济、社会、文化和自然条件等方面存在差异，我国城市之间及城市功能体系内部，都还存在着发展不平衡、不充分等问题，在面对各种不确定风险时，城市之间的韧性能力存在较大差异，同一城市的韧性体系要素表现也千差万别。未来城市韧性的建设，应采取因城施策、一城一策的方针，精准发力，有效推进我国城市韧性能力建设。

（1）激活文化价值，提升城市文化韧性

随着新型城镇化战略在全国范围内推进，城市化的质量和城市建设的品质得到空前的重视。从 2020 年

度的城市韧性发展指数及城市品牌发展指数评测结果来看，我国城市的文化建设正在成为城市韧性及城市品牌建设的明显短板，制约着中国城市韧性和城市品牌的进一步发展。由于历史、区位、资源和经济发展水平等条件的差异，每个城市都形成了独具特色的文化，这是城市品牌独特性和差异化优势的根本依凭。未来我国城市应进一步强化城市文化传承、发展与创新的氛围，努力开创以文化为内驱力的城市发展模式。特别是在城市规划与建设过程中，应当充分挖潜城市文化的价值，在社会治理、媒体传播、旅游开发和创新创业等领域突出文化建设的基础性作用，让城市文化筑起城市韧性的精神支撑，并让每一个市民都能成为城市文化建设的参与者、创造者和受益者。

（2）聚焦转型升级，提升城市经济韧性

当前，"六稳"系列政策及"六保"任务，体现了稳中求进工作总基调和增强经济韧性的明确要求。其中，产业链韧性是经济韧性的关键，而经济韧性的强弱则决定着城市抗风险能力的大小。提升城市经济韧性，关键要通过产业结构的转型升级与产业链、供应链稳定来持续释放经济发展新动能。一方面，坚定推进供给侧结构性改革，优化经济结构，减少低效产能累积，不断创造城市发展新动能。推动5G、物联网、人工智能、工业互联网等新型基础设施建设，重点发展数字经济、平台经济、智能制造等业态，促进产业结构向数字化、智能化转型。另一方面，要着力增强产业链韧性。把握全球产业链重构的机遇，积极应对产业链、价值链、供应链智能化升级挑战，构建更具韧性的产业链体系。应遵循"围绕产业链部署创新链、围绕创新链布局产业链"的指导思想，进一步加强研发投入和自主创新能力建设。加快创新要素的集聚和开放共享发展，打造更具韧性的城市创新生态系统，努力实现关键技术的积累和突破，摆脱产业链锁定状态并抢占产业链、价值链环节的制高点。此外，应优化营商环境，深化企业改革，不断提升企业韧性。提升龙头企业的供应链掌控力和话语权，推动形成大中小企业联动合作网络。重点通过财政补贴、信贷优惠和优化政务服务等措施，保护和提高中小企业的自我修复能力。

（3）优化社会治理，增强城市社会韧性

城市社会韧性是城市社会治理的重要诉求，表现为城市在抗击风险、走出困境时团结互助的共同体意识，以及运转有序的治理体系和治理能力。首先，应大力促进社会的包容与和谐。通过壮大中等收入群体、完善收入分配等措施，进一步优化社会阶层结构，促进全社会共同富裕。完善积极的社会政策体系，包括社保、养老、医疗保健、就业支持、教育培训等领域的政策改革，切实解决居民看病难、就业难等问题，增强居民面对挫折的承受力和战胜困难的信心，努力提升居民的获得感。其次，应不断优化社会治理体系。充分发挥基层自组织的积极性和治理作用，加快提升社会组织的发展水平和利益表达机制，推动形成协调、协商、协同的社会治理体系，有效提升城市化解社会风险的能力。

（4）确保底线保障，增强城市环境韧性

党的十九大报告提出："生态文明建设功在当代、利在千秋。"建设生态宜居城市是一项系统工程，更是我国各级政府的核心责任。加强生态环境体系建设，打造城市环境韧性，要在理念、规划、建设和监管等方面全面推进。在理念上，要强化民生环保意识，以科学的方式推进低碳经济和循环经济发展，强调资源利用的合理性，实现人文环境与自然环境的和谐发展。在规划上，要通过出台相关支持政策，引导城市规划建设向着韧性城市的方向发展。在建设上，要建立循环经济发展模式，大力发展低污染、低能耗、高附加值的高新技术产业，不断优化城市的产业结构。同时在基础设施韧性建设方面，完善区域交通体系，畅通应急生命线，同时各项应急基础设施建设应保留一定的重复与备用设施，以有效分散风险。在监管上，要加大环境执法力度，对严重的环境违法案件，要坚决查处，严肃问责。力争实现生产、生活、生态三大布局的统筹，构筑高效集约的生产空间，宜居适度的生活空间，山清水秀的生态空间。

（5）深化品牌思维，建设城市形象韧性

良好的城市形象韧性，能够在应对危机和灾害冲击时，更好地维系公众信心、市民凝聚和社会积极预期，是城市韧性系统的重要维度。增强城市形象韧性的专业路径就是打造强势的城市品牌。近年来，依托大数据技术手段，城市舆情监测和舆情分析变得日趋成熟，为城市形象管理特别是危机预警提供了更多的支撑。然而，对于城市形象的专业化监测与管理，尚未提上议事日程。城市品牌形象监测维度和指标的设计，以及监测指标体系的不断优化，是城市品牌规划的核心内容。城市品牌形象的监测与管理是未来我国城市要着力加强的一项重要工作。一方面，监测和评估是对城市营销和品牌化绩效的一种评价，通过分析和反馈，有助于不断改进营销工作的效率和针对性。另一方面，城市品牌形象的监测还利于更好地发掘城市品牌形象的资源、机遇和新的价值点。总之，城市品牌是城市最重要的无形资产。未来城市品牌形象的监测、维护和管理，应该视之为公共资产管理的范畴，认真规划和实施。

3. 优化城市治理格局，推进"多中心"治理

优化城市治理格局是提升城市治理韧性的基本任务。首先，要转变政府角色和职能。在城市管理和运营中，政府要从控制者向引导者、服务者和监管者的角色转化。其次是推动治理格局的重塑，推动城市从"单中心"向"多中心"的治理模式转变。也就是说，城市行动计划要吸纳各种主体参与，政府与社会力量应建立良性的分工与协作关系。其中，政府重点发挥规划、引领和监管的作用，充分调动社会、企业和市民的力量参与城市管理与建设事务。重点围绕城市生活、生产和建设的诸多场景，加快形成多中心治理新格局，不断提升城市治理效能。此外，要进一步提升信息技术助力城市治理能力。比如智慧城市建设中的"城市大脑"及各种城市数字治理应用，对于扩大市民参与、提升治理绩效有着直接的积极作用。

4. 提升基层治理韧性，构建基层"应急链"机制

提升城市治理韧性，着力夯实基层治理韧性应是重中之重。基层社区不仅是居住栖息的"生活共同体"，更是集体面对风险的"命运共同体"。城市基层社区应急治理体系是否完善，是否具备足够的应急治理能力，不仅关乎安居乐业，也是衡量城市发展质量、

韧性和竞争力的重要标尺。长远来看，全面系统地完善基层社区应急治理体系，健全基层社区"应急链"，不仅是短期应急的重要举措，更是面向未来、防范风险，满足城市居民和城市更高水平安全、稳定、可持续发展需要的必然选择。未来应提升社区工作人员综合保障水平、厘清城市社区权责、全面建设智慧社区，把抗疫的临时性机制，探索升级为法制化、常态化的机制，以不断健全和提升城市社区的应急治理能力。

5. 加强品牌战略规划，助力城市高质量发展

城市品牌能够体现市民的自豪感，凝结着城市多方面的发展功能。同时，城市品牌与城市高质量发展之间也存在相互影响、相互促进的关系。其中，城市品牌建设应面向人民对美好生活的需要，是一种需求导向的城市品牌规划、建设和治理努力，其目标是从满足人民细分需求出发，践行"五位一体"的发展模式，打造强势、正面的城市品牌体系；其实质是对满足人民美好生活需要的承诺，包括建设城市文化、旅游休闲、投资创业、优美宜居等子品牌，以及优化城市品牌传播、打造区域品牌等。通过城市品牌的合理规划和结构性优化、建设与发展，来推动城市迈向更高品质、更富特色的高质量发展道路。反过来，城市的高质量发展又能为城市品牌的持续发展注入更多的

资源和更大的动力，有效强化城市品牌的建设，进而能够对人民美好生活向往和需要，不断给予切实的回应和满足。可以说，城市品牌建设是"注重需求侧改革"的重要抓手，有助于形成需求牵引供给、供给创造需求的更高水平动态平衡，提升城市经济体系整体效能。此外，互联网新媒体让微观叙事和个体故事拥有了极大的魅力和话语权，因而讲好城市故事，也成为城市营销和品牌化的一个重要策略。然而，城市作为一个空间存在和社会经济实体，要想在空间地图和受众的认知地图上凸显，清晰的宏观叙事同样也必不可少。更重要的是，无论宏观叙事还是微观叙事都应该是城市品牌价值的折射，这就需要加强城市品牌的战略规划和动态协同。通过城市品牌战略规划来引导相关讨论的深入，并指向及时有效的调适和改进。同时，多样化的行动者据此也能衍生出丰富的话语体系和更生动的行动图景。在此基础上，能够更加有效地优化城市品牌的动态管理和协调。也就是说，在城市品牌的统领下，达成宏观叙事与微观叙事的统一，能更好地助力城市品牌的价值突围。

6. 提升城市整合营销水平，优化城市品牌营销效益

在城市竞争日趋激烈的今天，谋求城市整合营销

是提升城市营销和品牌化投入产出效益的重要途径。在城市品牌打造过程中，应尽可能统筹城市品牌的不同立面，在城市的投资促进、旅游推广、人才引进等城市营销行动和相关子品牌建设中，加大资源、行动和过程的协同，达成营销的整合，并且这种整合还应扩大到抗疫防疫、邻里互助、城市共建等社会行动方面，以及城市设计、城市更新和社区营造等城市建设方面，让城市品牌精神一以贯之，才能达到更好的城市建设和品牌营销效果。

7. 活化城市文化，丰盈城市品牌之魂

文化是城市之魂，也是城市品牌的核心。近年来，各地各城市日益重视文化开发和文化建设，注重文化IP开发，来打造地区新的吸引力和增长点。然而，大多数文化振兴和开发的努力，仅仅停留在文化遗存、表象和形式的开发、保护和利用层面，对文化价值的活化，认识和努力还远远不够。事实上，文化是地区活力和吸引力的源头活水，是地区特色价值的基因密码；文化价值的标榜、文化体验的场景、文化IP的开发，都应该受到这种源头活水的滋养，是这种基因密码的展开，这才是地区文化、城市文化活化真正的含义。文化活化是城市品牌识别形成的源泉，是城市品牌竞争优势的重要来源，因而也是城市品牌化

的核心路径。在此基础上，以"文化+"模式，助力提升城市品牌价值。在更加广泛的城市生活、生产场景中，融入科技助力和创意表达，创造城市文化与受众的情感体验，使城市文化符号、文化元素、文化精神和文化气质得到多元化、现代化、个性化的表达，不断增强城市品牌的认知度。重点加强文化产业发展与城市品牌建设的互动提升。以文化产品、文化服务提升文化氛围来传承历史文脉和城市肌理，树立城市鲜明的文化形象。

8. 善用互联网新媒体工具，优化双向赋权与赋能机制

移动互联网时代，新媒体无疑已成为城市营销和城市品牌化的主要工具和渠道。事实上，新媒体不仅是城市品牌传播的工具和渠道，还应从城市与受众广泛互动方面来加以考量。借助新媒体和智能手机应用，城市通过品牌承诺向受众赋权，通过城市消费和品牌体验场景的创新向受众赋能，进而扩展城市的感知范围，提升城市品牌认知质量。与此同时，受众则通过口碑内容的生产，特别是有关城市品牌识别方面的内容生产来向城市品牌赋权，通过治理行动的参与来向城市品牌赋能。也就是说，城市营销和城市品牌化，在移动互联网时代是一个城市与受众双向赋权和赋能

的互动过程。这一互动过程的质量,一定程度上决定着城市品牌的能级。这就需要城市管理者从城市品牌运营的规律出发,不断优化这一双向赋权与赋能的过程机制,从而不断提升城市品牌共创、共建和共享的效果。

附录 中国城市韧性发展指数及中国城市品牌发展指数2020年度总体得分与排名

2020年度，本书选取的288个中国样本城市的城市韧性发展指数（CRDI）、城市品牌发展指数（CBDI）以及30个省（自治区、直辖市）的省域品牌发展指数（PBDI）、20个城市群的城市群品牌发展指数（ABDI）总体得分与排名情况，如附表1—附表4所示。

Ⅰ 中国城市韧性发展指数（CRDI）2020年度总体排名

2020年度，288个中国样本城市的城市韧性发展指数（CRDI）得分与排名情况，如附表1所示。

附表1　　2020年度中国288个城市的城市韧性发展指数排名

城市	CRDI总分	排名	文化韧性指数	排名	经济韧性指数	排名	社会韧性指数	排名	环境韧性指数	排名	形象韧性指数	排名
北京	0.655	1	0.730	1	0.750	1	0.453	5	0.571	1	0.770	3
深圳	0.566	2	0.374	6	0.604	2	0.594	1	0.547	3	0.712	6
上海	0.558	3	0.498	4	0.550	3	0.459	4	0.563	2	0.720	5
香港	0.498	4	0.650	2	0.441	6	0.438	6	0.392	20	0.572	16
杭州	0.490	5	0.364	7	0.472	4	0.403	8	0.461	7	0.750	4
成都	0.488	6	0.321	10	0.422	10	0.378	12	0.463	6	0.854	1
广州	0.476	7	0.397	5	0.395	15	0.391	9	0.497	4	0.700	7
南京	0.467	8	0.341	8	0.409	11	0.364	15	0.442	8	0.777	2
武汉	0.441	9	0.514	3	0.429	8	0.249	66	0.350	42	0.664	9
西安	0.429	10	0.276	15	0.422	9	0.338	24	0.440	11	0.669	8
厦门	0.423	11	0.338	9	0.398	14	0.427	7	0.442	9	0.510	27
苏州	0.420	12	0.276	14	0.433	7	0.389	11	0.396	17	0.604	12
天津	0.401	13	0.300	13	0.361	20	0.377	14	0.427	12	0.540	22
重庆	0.400	14	0.307	12	0.393	16	0.260	59	0.492	5	0.547	20
东莞	0.393	15	0.173	33	0.464	5	0.486	3	0.396	18	0.444	43
宁波	0.391	16	0.220	19	0.409	12	0.264	54	0.427	13	0.637	11
青岛	0.387	17	0.228	18	0.314	33	0.299	36	0.441	10	0.653	10
长沙	0.381	18	0.234	17	0.384	17	0.341	21	0.402	16	0.542	21
济南	0.375	19	0.212	20	0.383	18	0.309	27	0.381	26	0.589	14
郑州	0.367	20	0.238	16	0.359	21	0.313	26	0.355	36	0.568	17
大连	0.359	21	0.177	29	0.317	32	0.378	13	0.404	14	0.518	25
无锡	0.356	22	0.159	37	0.404	13	0.352	18	0.362	31	0.502	30
昆明	0.355	23	0.190	24	0.309	36	0.306	30	0.371	28	0.599	13
南昌	0.352	24	0.175	32	0.342	23	0.303	31	0.387	24	0.552	19
澳门	0.352	25	0.318	11	0.300	41	0.562	2	0.156	280	0.423	50
合肥	0.350	26	0.178	28	0.337	24	0.293	40	0.356	34	0.585	15
沈阳	0.347	27	0.191	22	0.225	84	0.390	10	0.365	30	0.562	18
佛山	0.343	28	0.172	34	0.373	19	0.341	22	0.341	47	0.486	34

续表

城市	CRDI总分	排名	文化韧性指数	排名	经济韧性指数	排名	社会韧性指数	排名	环境韧性指数	排名	形象韧性指数	排名
太原	0.343	29	0.186	25	0.293	46	0.355	16	0.392	21	0.488	33
福州	0.342	30	0.181	26	0.324	30	0.309	28	0.387	23	0.511	26
哈尔滨	0.327	31	0.176	31	0.286	51	0.296	39	0.354	39	0.524	24
中山	0.326	32	0.203	21	0.308	37	0.309	29	0.395	19	0.413	58
长春	0.315	33	0.179	27	0.290	49	0.296	38	0.316	63	0.496	31
兰州	0.313	34	0.190	23	0.299	42	0.288	42	0.251	160	0.538	23
温州	0.312	35	0.176	30	0.297	45	0.193	126	0.389	22	0.504	29
贵阳	0.311	36	0.140	48	0.306	38	0.345	20	0.350	40	0.416	52
珠海	0.310	37	0.145	46	0.334	25	0.246	69	0.381	25	0.446	42
石家庄	0.308	38	0.167	36	0.301	40	0.260	60	0.309	71	0.504	28
南通	0.305	39	0.135	51	0.326	27	0.302	32	0.347	44	0.414	56
常州	0.304	40	0.157	39	0.348	22	0.319	25	0.325	54	0.373	82
泉州	0.304	41	0.131	53	0.298	44	0.286	46	0.343	46	0.463	38
南宁	0.304	42	0.139	49	0.255	64	0.266	49	0.372	27	0.490	32
嘉兴	0.303	43	0.152	41	0.325	28	0.227	89	0.343	45	0.467	37
海口	0.298	44	0.145	45	0.239	75	0.340	23	0.403	15	0.363	91
烟台	0.295	45	0.123	60	0.293	47	0.258	62	0.350	41	0.453	40
湖州	0.294	46	0.149	44	0.302	39	0.223	92	0.356	35	0.441	45
台州	0.293	47	0.129	56	0.309	35	0.210	102	0.361	32	0.454	39
绍兴	0.292	48	0.155	40	0.322	31	0.199	116	0.348	43	0.438	46
金华	0.292	49	0.138	50	0.281	52	0.269	48	0.338	49	0.435	47
扬州	0.292	50	0.158	38	0.325	29	0.265	53	0.324	55	0.388	71
银川	0.290	51	0.108	73	0.254	65	0.345	19	0.292	91	0.452	41
洛阳	0.287	52	0.152	42	0.277	53	0.229	87	0.304	76	0.471	36
潍坊	0.283	53	0.109	70	0.257	62	0.262	56	0.306	74	0.480	35
呼和浩特	0.281	54	0.124	58	0.258	61	0.298	37	0.323	57	0.403	64
惠州	0.277	55	0.113	66	0.299	43	0.246	70	0.355	37	0.374	80
宜昌	0.271	56	0.107	74	0.247	70	0.287	43	0.311	69	0.405	61

续表

城市	CRDI总分	排名	文化韧性指数	排名	经济韧性指数	排名	社会韧性指数	排名	环境韧性指数	排名	形象韧性指数	排名
乌鲁木齐	0.270	57	0.130	55	0.334	26	0.354	17	0.258	147	0.277	173
徐州	0.268	58	0.150	43	0.249	68	0.237	79	0.293	90	0.410	60
唐山	0.266	59	0.111	69	0.291	48	0.232	84	0.292	93	0.403	63
淄博	0.262	60	0.104	78	0.266	57	0.240	73	0.285	104	0.415	55
大庆	0.259	61	0.091	101	0.277	54	0.286	45	0.307	73	0.337	106
桂林	0.259	62	0.116	64	0.207	107	0.287	44	0.313	66	0.372	83
绵阳	0.259	63	0.085	110	0.258	60	0.248	67	0.314	65	0.389	70
威海	0.255	64	0.104	82	0.261	58	0.199	115	0.337	50	0.377	78
镇江	0.255	65	0.109	71	0.268	56	0.301	33	0.280	111	0.316	127
芜湖	0.252	66	0.093	97	0.313	34	0.195	122	0.262	139	0.400	65
吉林	0.251	67	0.168	35	0.166	191	0.243	72	0.249	164	0.430	48
柳州	0.250	68	0.094	93	0.242	73	0.246	68	0.305	75	0.363	90
三亚	0.247	69	0.123	61	0.211	103	0.250	65	0.355	38	0.298	155
临沂	0.245	70	0.101	87	0.252	67	0.178	154	0.278	115	0.415	54
西宁	0.244	71	0.109	72	0.212	102	0.299	35	0.291	95	0.307	142
秦皇岛	0.244	72	0.094	94	0.225	85	0.292	41	0.307	72	0.300	151
汉中	0.243	73	0.093	95	0.196	126	0.202	112	0.311	68	0.414	57
盐城	0.242	74	0.104	80	0.261	59	0.187	138	0.293	89	0.366	88
开封	0.241	75	0.104	81	0.179	163	0.240	74	0.240	190	0.442	44
济宁	0.240	76	0.102	85	0.257	63	0.179	153	0.287	101	0.373	81
大同	0.239	77	0.144	47	0.179	164	0.151	194	0.316	62	0.405	62
包头	0.237	78	0.073	138	0.238	76	0.301	34	0.272	124	0.300	152
黄山	0.236	79	0.117	63	0.172	182	0.152	192	0.329	51	0.412	59
赣州	0.235	80	0.088	105	0.228	81	0.176	156	0.291	97	0.394	66
马鞍山	0.235	81	0.072	144	0.230	79	0.223	93	0.259	145	0.390	69
荆州	0.234	82	0.096	89	0.190	141	0.222	94	0.295	85	0.367	86
南阳	0.233	83	0.105	77	0.184	153	0.192	129	0.310	70	0.376	79
十堰	0.232	84	0.072	140	0.206	109	0.264	55	0.289	99	0.327	113

续表

城市	CRDI总分	排名	文化韧性指数	排名	经济韧性指数	排名	社会韧性指数	排名	环境韧性指数	排名	形象韧性指数	排名
德州	0.231	85	0.094	92	0.221	89	0.168	168	0.254	157	0.418	51
舟山	0.231	86	0.117	62	0.213	100	0.142	208	0.339	48	0.342	101
漳州	0.230	87	0.086	108	0.225	83	0.237	78	0.299	79	0.304	145
保定	0.230	88	0.131	54	0.253	66	0.153	189	0.185	267	0.426	49
遵义	0.229	89	0.085	109	0.201	116	0.180	149	0.298	81	0.383	76
株洲	0.229	90	0.070	150	0.243	71	0.239	76	0.282	108	0.314	130
鞍山	0.228	91	0.095	91	0.191	140	0.266	51	0.268	129	0.323	116
张家口	0.228	92	0.104	79	0.192	135	0.156	186	0.328	52	0.362	92
衢州	0.228	93	0.099	88	0.226	82	0.194	124	0.293	87	0.327	114
江门	0.227	94	0.095	90	0.248	69	0.232	83	0.257	150	0.302	147
泰安	0.226	95	0.087	106	0.231	78	0.185	141	0.285	102	0.344	99
黄冈	0.226	96	0.105	76	0.193	134	0.218	98	0.301	77	0.314	131
汕头	0.225	97	0.079	124	0.209	105	0.221	96	0.324	56	0.294	158
沧州	0.225	98	0.089	103	0.239	74	0.160	179	0.252	159	0.384	74
宝鸡	0.224	99	0.068	156	0.214	99	0.207	108	0.280	112	0.354	94
安康	0.224	100	0.129	57	0.149	223	0.107	253	0.320	58	0.416	53
九江	0.222	101	0.092	100	0.222	87	0.165	172	0.293	88	0.340	102
泰州	0.222	102	0.093	96	0.289	50	0.160	178	0.284	107	0.282	170
安庆	0.220	103	0.073	139	0.200	117	0.204	109	0.261	141	0.364	89
丽水	0.220	104	0.116	65	0.200	118	0.187	139	0.311	67	0.288	162
日照	0.220	105	0.124	59	0.204	111	0.113	242	0.327	53	0.333	108
襄阳	0.220	106	0.103	84	0.242	72	0.173	160	0.265	137	0.319	122
邯郸	0.219	107	0.105	75	0.224	86	0.197	120	0.233	201	0.335	107
湘潭	0.219	108	0.072	143	0.232	77	0.261	57	0.257	151	0.271	178
常德	0.217	109	0.069	152	0.192	136	0.215	100	0.296	83	0.310	135
新乡	0.216	110	0.084	111	0.216	95	0.213	101	0.266	135	0.302	148
衡阳	0.216	111	0.072	141	0.214	97	0.208	106	0.265	136	0.319	123
泸州	0.216	112	0.079	125	0.183	155	0.193	125	0.255	155	0.368	85
延安	0.214	113	0.131	52	0.159	207	0.090	273	0.296	84	0.393	67

续表

城市	CRDI总分	排名	文化韧性指数	排名	经济韧性指数	排名	社会韧性指数	排名	环境韧性指数	排名	形象韧性指数	排名
黄石	0.214	114	0.079	123	0.200	119	0.240	75	0.266	132	0.285	166
宜宾	0.213	115	0.080	121	0.199	121	0.190	132	0.246	174	0.353	95
廊坊	0.213	116	0.103	83	0.228	80	0.116	236	0.319	59	0.301	149
宁德	0.213	117	0.087	107	0.175	177	0.187	137	0.289	98	0.328	112
岳阳	0.213	118	0.082	118	0.218	94	0.203	110	0.273	123	0.289	161
三明	0.213	119	0.078	128	0.196	128	0.190	130	0.316	61	0.283	167
滨州	0.211	120	0.076	132	0.211	104	0.230	85	0.256	153	0.283	168
蚌埠	0.211	121	0.061	175	0.221	88	0.228	88	0.228	210	0.316	128
淮安	0.210	122	0.079	122	0.187	147	0.171	165	0.278	116	0.337	105
东营	0.210	123	0.078	126	0.268	55	0.102	258	0.294	86	0.309	137
鄂尔多斯	0.210	124	0.083	115	0.219	92	0.105	255	0.300	78	0.343	100
铜陵	0.210	125	0.058	188	0.193	133	0.261	58	0.235	197	0.303	146
景德镇	0.209	126	0.089	102	0.175	176	0.184	143	0.280	113	0.318	124
南充	0.209	127	0.069	151	0.185	150	0.192	128	0.276	117	0.323	115
宣城	0.207	128	0.063	168	0.207	108	0.118	232	0.281	109	0.367	87
抚州	0.207	129	0.061	172	0.176	175	0.175	158	0.273	122	0.350	98
滁州	0.207	130	0.066	160	0.212	101	0.136	215	0.232	204	0.386	73
连云港	0.207	131	0.083	114	0.219	91	0.152	191	0.249	162	0.328	110
北海	0.206	132	0.113	67	0.160	206	0.093	269	0.315	64	0.352	96
菏泽	0.206	133	0.077	130	0.220	90	0.131	222	0.242	183	0.360	93
孝感	0.205	134	0.078	127	0.196	127	0.209	104	0.256	152	0.285	165
焦作	0.203	135	0.059	182	0.218	93	0.251	63	0.227	213	0.259	188
上饶	0.201	136	0.063	165	0.196	125	0.189	135	0.291	94	0.265	184
榆林	0.201	137	0.068	155	0.191	139	0.180	150	0.243	181	0.322	117
清远	0.201	138	0.064	164	0.180	159	0.151	193	0.281	110	0.328	111
淮南	0.200	139	0.074	136	0.190	142	0.151	195	0.207	249	0.380	77
牡丹江	0.200	140	0.059	180	0.166	192	0.245	71	0.224	216	0.307	141
肇庆	0.199	141	0.082	117	0.198	123	0.195	121	0.260	143	0.261	186

续表

城市	CRDI总分	排名	文化韧性指数	排名	经济韧性指数	排名	社会韧性指数	排名	环境韧性指数	排名	形象韧性指数	排名
吉安	0.199	142	0.068	154	0.195	130	0.168	169	0.243	179	0.321	119
龙岩	0.199	143	0.066	159	0.206	110	0.198	118	0.291	96	0.234	209
南平	0.198	144	0.068	153	0.179	168	0.175	159	0.284	106	0.286	163
聊城	0.198	145	0.074	137	0.204	112	0.223	91	0.239	192	0.251	196
邢台	0.198	146	0.083	116	0.204	114	0.146	201	0.240	187	0.317	126
永州	0.197	147	0.052	209	0.178	170	0.178	155	0.268	130	0.311	133
达州	0.197	148	0.089	104	0.179	162	0.057	287	0.271	126	0.387	72
眉山	0.197	149	0.080	120	0.167	190	0.110	245	0.275	118	0.351	97
湛江	0.196	150	0.071	148	0.199	120	0.181	148	0.272	125	0.258	189
承德	0.196	151	0.075	133	0.183	156	0.134	219	0.359	33	0.230	213
平顶山	0.196	152	0.056	197	0.195	129	0.238	77	0.216	232	0.274	175
攀枝花	0.195	153	0.046	226	0.204	113	0.251	64	0.223	219	0.253	194
德阳	0.195	154	0.047	219	0.216	96	0.146	202	0.245	176	0.321	120
邵阳	0.195	155	0.057	192	0.173	179	0.183	144	0.255	156	0.307	140
乐山	0.195	156	0.084	112	0.186	149	0.101	259	0.261	140	0.340	104
渭南	0.194	157	0.057	193	0.184	154	0.172	162	0.176	271	0.384	75
六安	0.194	158	0.092	99	0.178	169	0.136	214	0.267	131	0.299	154
韶关	0.194	159	0.063	166	0.179	167	0.190	133	0.318	60	0.222	222
信阳	0.194	160	0.092	98	0.180	160	0.158	182	0.275	119	0.266	182
酒泉	0.194	161	0.064	163	0.165	195	0.061	285	0.369	29	0.309	138
益阳	0.194	162	0.046	224	0.189	143	0.190	131	0.260	144	0.282	169
长治	0.192	163	0.112	68	0.199	122	0.225	90	0.174	272	0.249	197
玉溪	0.191	164	0.052	210	0.179	165	0.236	81	0.247	168	0.242	203
莆田	0.190	165	0.071	145	0.180	161	0.189	134	0.298	82	0.209	233
商丘	0.189	166	0.065	162	0.187	146	0.148	198	0.224	217	0.322	118
丽江	0.189	167	0.102	86	0.115	271	0.192	127	0.258	148	0.279	172
抚顺	0.189	168	0.043	232	0.156	214	0.265	52	0.214	238	0.265	183
晋中	0.188	169	0.058	189	0.201	115	0.185	140	0.200	257	0.297	156

续表

城市	CRDI总分	排名	文化韧性指数	排名	经济韧性指数	排名	社会韧性指数	排名	环境韧性指数	排名	形象韧性指数	排名
齐齐哈尔	0.187	170	0.052	206	0.180	158	0.237	80	0.235	198	0.232	211
淮北	0.187	171	0.063	169	0.179	166	0.200	114	0.192	264	0.299	153
怀化	0.187	172	0.059	186	0.161	205	0.172	163	0.270	127	0.272	177
安顺	0.186	173	0.067	158	0.175	178	0.142	209	0.255	154	0.290	160
驻马店	0.185	174	0.059	185	0.173	180	0.198	119	0.242	182	0.254	192
郴州	0.184	175	0.070	149	0.214	98	0.108	249	0.288	100	0.242	204
茂名	0.184	176	0.066	161	0.189	144	0.114	241	0.299	80	0.253	193
枣庄	0.184	177	0.061	176	0.195	131	0.156	185	0.240	186	0.270	179
咸宁	0.184	178	0.057	190	0.185	151	0.180	151	0.264	138	0.233	210
安阳	0.183	179	0.074	135	0.187	148	0.222	95	0.152	281	0.281	171
遂宁	0.183	180	0.042	234	0.167	189	0.171	166	0.248	166	0.286	164
曲靖	0.183	181	0.048	212	0.171	185	0.175	157	0.203	254	0.317	125
锦州	0.182	182	0.054	203	0.162	203	0.258	61	0.209	246	0.225	217
宿迁	0.181	183	0.067	157	0.150	220	0.092	271	0.269	128	0.329	109
赤峰	0.180	184	0.059	184	0.158	210	0.156	184	0.260	142	0.268	180
运城	0.180	185	0.063	167	0.176	174	0.165	171	0.186	266	0.309	139
张掖	0.180	186	0.072	142	0.150	222	0.170	167	0.279	114	0.229	214
宿州	0.180	187	0.045	229	0.177	173	0.136	216	0.172	274	0.370	84
衡水	0.179	188	0.084	113	0.182	157	0.118	234	0.249	163	0.265	185
新余	0.179	189	0.035	250	0.161	204	0.167	170	0.234	199	0.297	157
天水	0.178	190	0.076	131	0.153	217	0.116	237	0.238	196	0.310	136
佳木斯	0.178	191	0.036	249	0.129	249	0.235	82	0.285	103	0.206	236
咸阳	0.178	192	0.078	129	0.191	138	0.143	206	0.178	270	0.300	150
广元	0.178	193	0.055	199	0.123	260	0.125	224	0.274	120	0.312	132
宜春	0.178	194	0.048	211	0.208	106	0.146	200	0.219	226	0.267	181
娄底	0.177	195	0.040	238	0.164	200	0.209	103	0.233	203	0.240	206
阜阳	0.176	196	0.058	187	0.188	145	0.109	247	0.208	248	0.320	121
梅州	0.176	197	0.062	170	0.145	228	0.220	97	0.251	161	0.202	241

续表

城市	CRDI总分	排名	文化韧性指数	排名	经济韧性指数	排名	社会韧性指数	排名	环境韧性指数	排名	形象韧性指数	排名
玉林	0.174	198	0.061	173	0.146	227	0.145	203	0.246	175	0.273	176
内江	0.173	199	0.048	213	0.171	186	0.097	264	0.211	243	0.340	103
亳州	0.173	200	0.059	183	0.172	181	0.115	239	0.216	235	0.305	144
河源	0.173	201	0.071	147	0.157	212	0.143	205	0.292	92	0.201	243
雅安	0.173	202	0.053	204	0.138	240	0.114	240	0.248	165	0.311	134
广安	0.172	203	0.057	191	0.162	202	0.110	243	0.240	189	0.290	159
本溪	0.172	204	0.033	257	0.159	208	0.271	47	0.239	191	0.157	271
白银	0.171	205	0.054	201	0.157	211	0.086	275	0.246	172	0.315	129
许昌	0.170	206	0.062	171	0.148	224	0.182	147	0.240	188	0.220	224
荆门	0.170	207	0.057	195	0.197	124	0.155	187	0.241	184	0.200	245
萍乡	0.170	208	0.047	218	0.171	184	0.153	188	0.232	205	0.245	202
临汾	0.170	209	0.059	179	0.159	209	0.171	164	0.182	269	0.277	174
阳江	0.169	210	0.054	202	0.165	194	0.194	123	0.266	133	0.167	258
呼伦贝尔	0.168	211	0.052	208	0.143	231	0.149	197	0.248	167	0.247	199
随州	0.167	212	0.047	217	0.140	237	0.084	279	0.257	149	0.306	143
鄂州	0.167	213	0.056	198	0.170	187	0.159	181	0.247	170	0.202	242
濮阳	0.166	214	0.047	222	0.177	172	0.203	111	0.205	253	0.200	244
百色	0.166	215	0.046	228	0.142	234	0.141	210	0.259	146	0.242	205
盘锦	0.166	216	0.038	246	0.194	132	0.201	113	0.243	180	0.152	273
丹东	0.165	217	0.047	220	0.148	225	0.157	183	0.247	169	0.224	218
晋城	0.164	218	0.052	205	0.191	137	0.110	244	0.207	250	0.260	187
周口	0.163	219	0.057	194	0.170	188	0.135	218	0.233	202	0.223	219
保山	0.163	220	0.047	223	0.132	245	0.123	226	0.266	134	0.249	198
钦州	0.163	221	0.032	260	0.132	244	0.143	207	0.253	158	0.255	191
池州	0.160	222	0.039	244	0.143	230	0.162	176	0.238	194	0.218	227
鹰潭	0.159	223	0.033	258	0.165	193	0.108	251	0.245	178	0.246	200
普洱	0.155	224	0.060	178	0.128	252	0.118	233	0.245	177	0.225	216
梧州	0.155	225	0.040	241	0.145	229	0.147	199	0.238	195	0.204	239

续表

城市	CRDI总分	排名	文化韧性指数	排名	经济韧性指数	排名	社会韧性指数	排名	环境韧性指数	排名	形象韧性指数	排名
张家界	0.155	226	0.074	134	0.104	279	0.097	263	0.246	171	0.252	195
来宾	0.155	227	0.071	146	0.123	261	0.115	238	0.219	227	0.245	201
通辽	0.154	228	0.033	255	0.120	265	0.182	146	0.240	185	0.195	248
吕梁	0.152	229	0.056	196	0.153	218	0.123	225	0.214	239	0.215	230
黑河	0.152	230	0.048	214	0.093	284	0.120	231	0.284	105	0.214	232
三门峡	0.151	231	0.052	207	0.172	183	0.099	262	0.228	212	0.205	237
白山	0.150	232	0.081	119	0.117	269	0.108	250	0.220	224	0.225	215
鸡西	0.150	233	0.025	277	0.123	259	0.199	117	0.213	242	0.190	251
自贡	0.149	234	0.059	181	0.177	171	0.054	288	0.215	236	0.238	207
忻州	0.147	235	0.042	235	0.150	219	0.162	175	0.123	284	0.256	190
巴中	0.147	236	0.042	237	0.101	282	0.095	267	0.273	121	0.223	221
资阳	0.145	237	0.037	247	0.135	241	0.106	254	0.232	207	0.218	226
铜仁	0.145	238	0.040	239	0.165	197	0.085	277	0.229	209	0.207	235
双鸭山	0.144	239	0.023	280	0.120	266	0.207	107	0.210	245	0.161	265
武威	0.144	240	0.043	231	0.128	250	0.095	266	0.222	222	0.231	212
揭阳	0.144	241	0.042	236	0.156	213	0.081	281	0.232	206	0.209	234
辽阳	0.143	242	0.034	253	0.130	247	0.216	99	0.206	252	0.129	283
铜川	0.143	243	0.033	254	0.119	267	0.163	174	0.198	259	0.199	246
朔州	0.143	244	0.035	252	0.155	215	0.129	223	0.223	218	0.170	257
平凉	0.142	245	0.032	259	0.108	277	0.133	220	0.221	223	0.214	231
绥化	0.142	246	0.022	282	0.126	254	0.189	136	0.194	261	0.176	255
毕节	0.141	247	0.046	225	0.165	196	0.061	286	0.200	255	0.235	208
通化	0.140	248	0.047	221	0.124	258	0.139	212	0.206	251	0.186	253
营口	0.140	249	0.045	230	0.163	201	0.185	142	0.146	282	0.164	262
漯河	0.140	250	0.038	245	0.155	216	0.135	217	0.211	244	0.162	263
庆阳	0.139	251	0.037	248	0.134	242	0.143	204	0.166	276	0.217	229
四平	0.138	252	0.054	200	0.109	276	0.209	105	0.116	285	0.205	238
巴彦淖尔	0.138	253	0.020	284	0.120	264	0.179	152	0.215	237	0.156	272

续表

城市	CRDI总分	排名	文化韧性指数	排名	经济韧性指数	排名	社会韧性指数	排名	环境韧性指数	排名	形象韧性指数	排名
陇南	0.137	254	0.043	233	0.093	285	0.093	270	0.067	287	0.392	68
伊春	0.137	255	0.047	216	0.103	281	0.094	268	0.223	220	0.217	228
阳泉	0.136	256	0.040	240	0.164	198	0.153	190	0.135	283	0.190	250
六盘水	0.136	257	0.039	242	0.184	152	0.101	261	0.162	278	0.195	247
临沧	0.136	258	0.028	268	0.131	246	0.122	228	0.228	211	0.173	256
河池	0.136	259	0.029	267	0.107	278	0.172	161	0.214	240	0.159	267
昭通	0.136	260	0.035	251	0.112	274	0.121	229	0.193	263	0.218	225
云浮	0.135	261	0.029	266	0.126	255	0.108	248	0.219	229	0.192	249
乌兰察布	0.134	262	0.026	273	0.119	268	0.103	256	0.239	193	0.184	254
贵港	0.133	263	0.024	279	0.116	270	0.090	272	0.214	241	0.223	220
嘉峪关	0.132	264	0.060	177	0.138	239	0.162	177	0.224	215	0.078	287
克拉玛依	0.131	265	0.012	287	0.164	199	0.230	86	0.223	221	0.026	288
白城	0.131	266	0.027	271	0.112	273	0.183	145	0.173	273	0.158	269
贺州	0.130	267	0.029	265	0.112	272	0.107	252	0.233	200	0.166	259
金昌	0.130	268	0.030	264	0.138	238	0.095	265	0.219	228	0.166	260
阜新	0.129	269	0.027	270	0.122	262	0.266	50	0.094	286	0.139	279
潮州	0.129	270	0.061	174	0.127	253	0.101	260	0.220	225	0.136	281
商洛	0.128	271	0.039	243	0.142	233	0.082	280	0.217	231	0.161	264
防城港	0.128	272	0.026	272	0.141	235	0.084	278	0.226	214	0.164	261
固原	0.128	273	0.030	263	0.088	286	0.117	235	0.216	234	0.189	252
乌海	0.128	274	0.023	281	0.141	236	0.132	221	0.209	247	0.133	282
崇左	0.127	275	0.025	275	0.133	243	0.085	276	0.246	173	0.148	275
朝阳	0.125	276	0.024	278	0.129	248	0.123	227	0.193	262	0.157	270
葫芦岛	0.125	277	0.021	283	0.128	251	0.150	196	0.200	256	0.125	284
汕尾	0.124	278	0.025	276	0.142	232	0.121	230	0.184	268	0.150	274
松原	0.123	279	0.025	274	0.125	256	0.110	246	0.216	233	0.141	278
鹤壁	0.122	280	0.030	262	0.147	226	0.102	257	0.192	265	0.138	280

续表

城市	CRDI总分	排名	文化韧性指数	排名	经济韧性指数	排名	社会韧性指数	排名	环境韧性指数	排名	形象韧性指数	排名
吴忠	0.121	281	0.031	261	0.121	263	0.065	284	0.230	208	0.159	266
中卫	0.121	282	0.046	227	0.104	280	0.078	282	0.218	230	0.158	268
石嘴山	0.120	283	0.019	285	0.150	221	0.086	274	0.197	260	0.147	276
铁岭	0.119	284	0.028	269	0.110	275	0.164	173	0.168	275	0.124	285
七台河	0.118	285	0.011	288	0.094	283	0.138	213	0.199	258	0.147	277
定西	0.114	286	0.047	215	0.085	287	0.071	283	0.165	277	0.202	240
辽源	0.109	287	0.013	286	0.125	257	0.159	180	0.159	279	0.087	286
鹤岗	0.104	288	0.033	256	0.079	288	0.141	211	0.044	288	0.220	223

Ⅱ 中国城市品牌发展指数（CBDI）2020年度总体排名

2020年度，288个中国样本城市的城市品牌发展指数（CBDI）得分与排名情况，如附表2所示。

附表2　2020年度中国288个城市的城市品牌发展指数排名

城市	CBDI总分	排名	文化品牌指数	排名	旅游品牌指数	排名	投资品牌指数	排名	宜居品牌指数	排名	品牌传播指数	排名
北京	0.835	1	0.903	1	0.869	1	0.870	1	0.673	1	0.860	1
上海	0.741	2	0.720	2	0.687	3	0.858	2	0.630	2	0.811	3
杭州	0.648	3	0.623	4	0.634	4	0.690	4	0.537	5	0.754	7
深圳	0.645	4	0.525	13	0.546	12	0.772	3	0.592	3	0.790	4
成都	0.642	5	0.607	5	0.629	5	0.635	9	0.515	8	0.823	2
广州	0.630	6	0.595	6	0.584	7	0.663	5	0.531	7	0.775	6

续表

城市	CBDI总分	排名	文化品牌指数	排名	旅游品牌指数	排名	投资品牌指数	排名	宜居品牌指数	排名	品牌传播指数	排名
重庆	0.626	7	0.575	10	0.718	2	0.652	6	0.534	6	0.652	14
香港	0.624	8	0.675	3	0.506	16	0.647	7	0.550	4	0.745	8
武汉	0.607	9	0.585	7	0.618	6	0.637	8	0.474	12	0.719	10
南京	0.606	10	0.582	8	0.550	11	0.625	10	0.493	11	0.780	5
西安	0.589	11	0.577	9	0.577	8	0.600	12	0.469	14	0.724	9
天津	0.568	12	0.534	12	0.556	9	0.614	11	0.509	9	0.629	17
苏州	0.565	13	0.552	11	0.555	10	0.594	13	0.470	13	0.653	13
宁波	0.542	14	0.494	14	0.524	13	0.566	14	0.467	15	0.658	12
青岛	0.538	15	0.477	16	0.505	17	0.560	15	0.442	18	0.708	11
长沙	0.514	16	0.483	15	0.495	19	0.539	16	0.451	17	0.603	21
厦门	0.506	17	0.389	29	0.511	15	0.535	17	0.500	10	0.595	23
郑州	0.504	18	0.450	17	0.495	20	0.515	18	0.434	19	0.629	16
昆明	0.497	19	0.439	21	0.516	14	0.468	26	0.427	22	0.633	15
沈阳	0.489	20	0.439	19	0.496	18	0.435	33	0.456	16	0.618	19
济南	0.488	21	0.439	20	0.469	26	0.500	20	0.404	30	0.628	18
澳门	0.472	22	0.443	18	0.492	22	0.418	39	0.407	27	0.599	22
哈尔滨	0.465	23	0.423	23	0.473	25	0.465	27	0.391	33	0.572	30
大连	0.464	24	0.343	42	0.456	32	0.500	19	0.414	25	0.607	20
福州	0.464	25	0.414	25	0.457	29	0.475	25	0.400	31	0.574	29
合肥	0.464	26	0.367	34	0.457	30	0.492	21	0.410	26	0.594	24
南昌	0.460	27	0.395	27	0.443	36	0.476	24	0.404	29	0.584	26
无锡	0.459	28	0.384	32	0.441	38	0.491	22	0.404	28	0.577	28
温州	0.442	29	0.392	28	0.463	27	0.423	37	0.397	32	0.532	37
佛山	0.441	30	0.388	30	0.437	40	0.439	31	0.416	24	0.526	38
东莞	0.434	31	0.346	40	0.396	61	0.478	23	0.428	21	0.520	40
长春	0.432	32	0.330	47	0.442	37	0.451	28	0.383	34	0.556	33
洛阳	0.431	33	0.415	24	0.459	28	0.394	50	0.338	54	0.547	34
贵阳	0.428	34	0.288	68	0.493	21	0.438	32	0.378	35	0.543	36
石家庄	0.428	35	0.317	54	0.454	33	0.415	40	0.375	36	0.579	27

续表

城市	CBDI总分	排名	文化品牌指数	排名	旅游品牌指数	排名	投资品牌指数	排名	宜居品牌指数	排名	品牌传播指数	排名
太原	0.425	36	0.331	46	0.425	42	0.396	48	0.416	23	0.559	31
兰州	0.421	37	0.321	50	0.416	48	0.427	36	0.354	45	0.589	25
嘉兴	0.420	38	0.352	39	0.439	39	0.442	30	0.363	43	0.503	44
绍兴	0.417	39	0.409	26	0.420	46	0.419	38	0.365	41	0.473	57
泉州	0.416	40	0.385	31	0.416	50	0.383	53	0.369	39	0.525	39
中山	0.415	41	0.366	35	0.384	71	0.402	45	0.433	20	0.492	51
南宁	0.410	42	0.283	71	0.456	31	0.406	43	0.345	50	0.557	32
吉林	0.409	43	0.356	38	0.436	41	0.401	47	0.347	48	0.507	43
珠海	0.408	44	0.302	60	0.412	52	0.445	29	0.339	53	0.544	35
湖州	0.407	45	0.334	45	0.446	35	0.413	41	0.370	38	0.471	59
扬州	0.406	46	0.423	22	0.396	60	0.387	52	0.353	46	0.473	58
常州	0.405	47	0.340	43	0.393	62	0.433	34	0.365	42	0.494	49
金华	0.401	48	0.323	49	0.448	34	0.394	49	0.356	44	0.487	54
徐州	0.401	49	0.368	33	0.381	74	0.401	46	0.345	49	0.510	41
桂林	0.397	50	0.357	37	0.486	23	0.312	77	0.340	52	0.492	50
南通	0.397	51	0.330	48	0.371	85	0.428	35	0.372	37	0.484	55
烟台	0.392	52	0.303	59	0.404	56	0.404	44	0.349	47	0.499	46
台州	0.391	53	0.317	55	0.424	43	0.363	57	0.340	51	0.510	42
海口	0.381	54	0.295	62	0.389	65	0.389	51	0.366	40	0.465	62
大同	0.375	55	0.362	36	0.416	49	0.305	82	0.327	56	0.464	63
潍坊	0.370	56	0.288	69	0.380	75	0.349	59	0.335	55	0.496	48
保定	0.368	57	0.318	53	0.419	47	0.366	56	0.283	96	0.456	68
黄山	0.366	58	0.343	41	0.476	24	0.251	131	0.279	102	0.482	56
惠州	0.361	59	0.283	72	0.377	79	0.373	55	0.324	59	0.447	70
淄博	0.360	60	0.294	63	0.375	81	0.347	60	0.291	88	0.491	52
乌鲁木齐	0.357	61	0.243	97	0.423	44	0.376	54	0.307	69	0.434	77
呼和浩特	0.354	62	0.281	73	0.355	96	0.318	72	0.315	63	0.501	45

续表

城市	CBDI总分	排名	文化品牌指数	排名	旅游品牌指数	排名	投资品牌指数	排名	宜居品牌指数	排名	品牌传播指数	排名
唐山	0.353	63	0.256	86	0.389	64	0.351	58	0.312	64	0.460	65
银川	0.350	64	0.292	64	0.318	132	0.334	65	0.309	65	0.499	47
芜湖	0.346	65	0.245	96	0.353	98	0.408	42	0.286	92	0.437	74
南阳	0.345	66	0.308	57	0.357	93	0.284	98	0.309	66	0.469	60
赣州	0.344	67	0.277	75	0.388	66	0.337	64	0.284	94	0.435	76
宜昌	0.343	68	0.245	95	0.387	68	0.326	68	0.303	76	0.456	69
开封	0.343	69	0.320	52	0.367	87	0.231	158	0.307	68	0.490	53
镇江	0.342	70	0.320	51	0.345	107	0.345	61	0.305	71	0.395	109
延安	0.342	71	0.339	44	0.360	89	0.276	108	0.266	118	0.469	61
三亚	0.342	72	0.228	109	0.423	45	0.314	74	0.316	62	0.428	81
柳州	0.339	73	0.273	77	0.386	69	0.313	76	0.280	100	0.442	72
济宁	0.339	74	0.292	66	0.378	77	0.298	92	0.289	90	0.437	75
临沂	0.337	75	0.258	84	0.359	91	0.304	84	0.303	74	0.458	66
盐城	0.336	76	0.248	93	0.325	123	0.342	63	0.307	67	0.456	67
舟山	0.335	77	0.254	87	0.381	73	0.344	62	0.303	73	0.394	113
漳州	0.335	78	0.289	67	0.374	84	0.305	83	0.326	57	0.380	124
九江	0.333	79	0.227	110	0.409	55	0.330	66	0.296	83	0.403	101
邯郸	0.331	80	0.285	70	0.356	94	0.284	99	0.294	84	0.439	73
遵义	0.331	81	0.303	58	0.410	53	0.254	125	0.262	127	0.425	82
安康	0.331	82	0.248	92	0.343	109	0.293	95	0.325	58	0.445	71
秦皇岛	0.330	83	0.249	91	0.374	83	0.306	81	0.323	61	0.397	107
日照	0.329	84	0.249	90	0.367	86	0.289	96	0.324	60	0.417	90
泰安	0.328	85	0.252	88	0.388	67	0.318	71	0.264	122	0.419	86
荆州	0.326	86	0.313	56	0.323	125	0.281	102	0.298	80	0.415	91
张家口	0.326	87	0.224	112	0.402	58	0.279	104	0.292	86	0.432	78
襄阳	0.324	88	0.299	61	0.311	143	0.303	86	0.292	87	0.418	89
西宁	0.324	89	0.224	113	0.354	97	0.329	67	0.300	79	0.412	94
北海	0.323	90	0.258	85	0.404	57	0.258	120	0.289	89	0.404	99
江门	0.322	91	0.226	111	0.383	72	0.324	69	0.276	104	0.399	105

续表

城市	CBDI总分	排名	文化品牌指数	排名	旅游品牌指数	排名	投资品牌指数	排名	宜居品牌指数	排名	品牌传播指数	排名
威海	0.318	92	0.224	114	0.348	101	0.298	91	0.297	82	0.421	85
衢州	0.313	93	0.278	74	0.341	112	0.274	112	0.306	70	0.368	135
丽水	0.312	94	0.265	80	0.375	82	0.281	101	0.303	75	0.336	174
淮安	0.311	95	0.292	65	0.306	154	0.263	117	0.266	119	0.429	80
汉中	0.310	96	0.261	82	0.349	100	0.244	138	0.271	112	0.423	84
绵阳	0.309	97	0.212	127	0.318	131	0.300	90	0.301	78	0.413	92
廊坊	0.309	98	0.214	124	0.342	111	0.318	73	0.282	97	0.387	118
宜宾	0.308	99	0.263	81	0.346	105	0.250	133	0.260	130	0.419	87
宁德	0.307	100	0.224	115	0.330	118	0.303	85	0.285	93	0.391	114
连云港	0.306	101	0.219	120	0.310	144	0.314	75	0.255	138	0.431	79
汕头	0.306	102	0.213	125	0.318	129	0.295	94	0.279	103	0.425	83
十堰	0.306	103	0.187	148	0.392	63	0.260	118	0.276	106	0.413	93
长治	0.305	104	0.230	107	0.363	88	0.283	100	0.301	77	0.350	153
乐山	0.305	105	0.236	101	0.401	59	0.233	156	0.249	148	0.407	96
新乡	0.305	106	0.221	119	0.321	126	0.311	78	0.280	99	0.390	115
泰州	0.304	107	0.251	89	0.288	185	0.307	79	0.271	113	0.403	102
泸州	0.303	108	0.242	98	0.306	155	0.301	89	0.257	134	0.408	95
丽江	0.302	109	0.275	76	0.410	54	0.167	229	0.305	72	0.351	151
景德镇	0.302	110	0.269	78	0.359	92	0.239	147	0.262	128	0.380	123
沧州	0.301	111	0.202	132	0.298	167	0.276	109	0.266	117	0.462	64
大庆	0.298	112	0.210	128	0.278	195	0.320	70	0.276	107	0.405	97
黄冈	0.296	113	0.228	108	0.327	121	0.266	116	0.297	81	0.364	138
马鞍山	0.295	114	0.194	141	0.302	162	0.302	87	0.283	95	0.394	111
岳阳	0.293	115	0.237	100	0.334	116	0.272	114	0.264	121	0.355	146
鞍山	0.292	116	0.206	129	0.342	110	0.278	106	0.287	91	0.348	157
安阳	0.292	117	0.261	83	0.338	113	0.237	150	0.236	169	0.388	117
承德	0.291	118	0.267	79	0.386	70	0.232	157	0.251	144	0.317	199
德州	0.291	119	0.219	123	0.270	207	0.296	93	0.265	120	0.403	103
信阳	0.290	120	0.219	122	0.321	127	0.251	132	0.276	105	0.383	120

续表

城市	CBDI总分	排名	文化品牌指数	排名	旅游品牌指数	排名	投资品牌指数	排名	宜居品牌指数	排名	品牌传播指数	排名
上饶	0.289	121	0.184	152	0.414	51	0.245	137	0.279	101	0.322	191
湛江	0.288	122	0.204	130	0.346	106	0.272	115	0.260	131	0.360	141
衡阳	0.288	123	0.198	136	0.316	135	0.278	105	0.258	133	0.390	116
株洲	0.286	124	0.184	151	0.296	174	0.301	88	0.272	110	0.377	127
南充	0.284	125	0.175	166	0.347	103	0.254	127	0.250	145	0.394	110
安庆	0.282	126	0.221	118	0.323	124	0.243	141	0.260	129	0.364	137
邢台	0.282	127	0.189	145	0.319	128	0.245	136	0.256	137	0.403	104
宝鸡	0.282	128	0.204	131	0.346	104	0.236	153	0.248	151	0.376	128
咸阳	0.282	129	0.233	104	0.315	137	0.277	107	0.223	199	0.359	142
安顺	0.281	130	0.162	181	0.376	80	0.251	130	0.262	126	0.355	145
鄂尔多斯	0.280	131	0.201	133	0.294	175	0.256	122	0.233	174	0.418	88
包头	0.280	132	0.168	176	0.283	193	0.284	97	0.293	85	0.370	133
焦作	0.280	133	0.156	186	0.317	133	0.280	103	0.240	163	0.404	100
常德	0.279	134	0.182	157	0.312	141	0.252	128	0.269	114	0.380	122
达州	0.278	135	0.199	135	0.332	117	0.256	123	0.231	179	0.371	132
商丘	0.277	136	0.233	105	0.268	210	0.236	152	0.253	142	0.397	108
湘潭	0.274	137	0.166	178	0.298	168	0.306	80	0.274	109	0.326	185
龙岩	0.273	138	0.182	156	0.350	99	0.244	139	0.263	123	0.328	184
肇庆	0.271	139	0.234	103	0.293	177	0.251	129	0.256	136	0.323	189
三明	0.271	140	0.187	149	0.304	157	0.237	151	0.275	108	0.354	147
菏泽	0.270	141	0.195	139	0.263	214	0.239	146	0.249	147	0.405	98
天水	0.269	142	0.222	116	0.308	151	0.208	180	0.234	172	0.375	129
淮南	0.269	143	0.246	94	0.246	238	0.249	134	0.231	181	0.374	130
晋中	0.269	144	0.147	197	0.377	78	0.227	161	0.229	186	0.365	136
聊城	0.268	145	0.232	106	0.262	217	0.235	155	0.271	111	0.341	168
衡水	0.268	146	0.197	137	0.286	188	0.255	124	0.257	135	0.342	165
滁州	0.267	147	0.184	150	0.275	198	0.273	113	0.227	191	0.374	131
梅州	0.265	148	0.201	134	0.314	138	0.199	189	0.263	124	0.348	155

续表

城市	CBDI总分	排名	文化品牌指数	排名	旅游品牌指数	排名	投资品牌指数	排名	宜居品牌指数	排名	品牌传播指数	排名
东营	0.265	149	0.178	160	0.255	228	0.275	111	0.254	141	0.362	139
榆林	0.265	150	0.235	102	0.265	212	0.216	170	0.223	200	0.384	119
吉安	0.264	151	0.182	155	0.309	149	0.254	126	0.248	150	0.329	182
运城	0.264	152	0.170	172	0.348	102	0.214	173	0.246	153	0.343	163
南平	0.264	153	0.169	173	0.359	90	0.195	192	0.252	143	0.342	164
黄石	0.264	154	0.195	138	0.271	205	0.258	121	0.263	125	0.331	180
清远	0.263	155	0.176	164	0.317	134	0.213	174	0.246	152	0.361	140
莆田	0.263	156	0.194	140	0.303	160	0.230	159	0.269	115	0.317	198
茂名	0.263	157	0.174	167	0.293	176	0.237	148	0.255	139	0.354	148
张家界	0.262	158	0.184	154	0.379	76	0.141	251	0.229	185	0.377	126
宿迁	0.262	159	0.191	143	0.262	218	0.237	149	0.225	194	0.394	112
蚌埠	0.262	160	0.177	162	0.258	222	0.275	110	0.245	154	0.354	149
六安	0.260	161	0.188	147	0.304	156	0.224	163	0.243	158	0.341	167
滨州	0.259	162	0.184	153	0.254	230	0.246	135	0.268	116	0.346	160
宣城	0.259	163	0.188	146	0.290	181	0.217	168	0.224	196	0.377	125
宜春	0.258	164	0.148	194	0.334	115	0.240	144	0.224	197	0.345	161
眉山	0.257	165	0.173	169	0.310	145	0.219	166	0.245	155	0.340	170
孝感	0.257	166	0.192	142	0.260	219	0.242	142	0.259	132	0.333	177
阜阳	0.256	167	0.189	144	0.274	200	0.218	167	0.229	184	0.369	134
郴州	0.256	168	0.178	161	0.334	114	0.239	145	0.231	180	0.297	216
邵阳	0.252	169	0.155	187	0.308	152	0.213	175	0.249	149	0.337	173
玉溪	0.251	170	0.158	184	0.283	192	0.258	119	0.241	161	0.315	201
曲靖	0.251	171	0.158	185	0.298	169	0.206	182	0.233	175	0.359	143
玉林	0.250	172	0.148	196	0.343	108	0.188	207	0.234	170	0.340	171
赤峰	0.250	173	0.145	203	0.291	180	0.217	169	0.254	140	0.346	159
韶关	0.250	174	0.171	171	0.308	153	0.228	160	0.237	167	0.306	209
渭南	0.247	175	0.144	204	0.299	165	0.174	219	0.219	205	0.399	106
咸宁	0.247	176	0.150	192	0.297	171	0.221	164	0.217	207	0.348	156
抚州	0.246	177	0.165	179	0.288	184	0.200	187	0.230	183	0.349	154

续表

城市	CBDI总分	排名	文化品牌指数	排名	旅游品牌指数	排名	投资品牌指数	排名	宜居品牌指数	排名	品牌传播指数	排名
张掖	0.245	178	0.222	117	0.286	187	0.168	227	0.241	162	0.308	206
临汾	0.245	179	0.138	211	0.327	120	0.190	200	0.225	195	0.344	162
河源	0.245	180	0.174	168	0.310	146	0.194	195	0.280	98	0.266	241
潮州	0.244	181	0.239	99	0.310	147	0.179	213	0.212	216	0.279	233
白银	0.244	182	0.146	200	0.250	233	0.191	199	0.249	146	0.382	121
怀化	0.243	183	0.163	180	0.303	159	0.186	209	0.230	182	0.335	176
永州	0.243	184	0.168	175	0.279	194	0.214	172	0.232	177	0.321	192
亳州	0.242	185	0.219	121	0.257	225	0.190	202	0.219	206	0.323	188
萍乡	0.239	186	0.134	218	0.302	163	0.193	197	0.234	171	0.331	179
晋城	0.237	187	0.124	225	0.312	140	0.207	181	0.214	212	0.329	183
枣庄	0.236	188	0.168	174	0.256	227	0.212	176	0.236	168	0.310	205
铜陵	0.236	189	0.134	217	0.236	244	0.244	140	0.242	159	0.324	187
遂宁	0.236	190	0.123	226	0.310	148	0.173	221	0.222	203	0.351	152
荆门	0.235	191	0.150	191	0.259	221	0.240	143	0.233	173	0.296	217
驻马店	0.233	192	0.166	177	0.271	206	0.206	183	0.244	156	0.280	231
德阳	0.232	193	0.142	209	0.275	199	0.199	190	0.216	209	0.331	181
平顶山	0.232	194	0.155	188	0.266	211	0.198	191	0.242	160	0.300	213
牡丹江	0.232	195	0.146	199	0.271	203	0.215	171	0.214	211	0.313	202
濮阳	0.231	196	0.162	182	0.258	223	0.200	186	0.217	208	0.320	193
普洱	0.231	197	0.138	213	0.297	170	0.140	252	0.240	164	0.342	166
广安	0.231	198	0.147	198	0.274	202	0.190	204	0.227	189	0.318	195
揭阳	0.231	199	0.149	193	0.265	213	0.177	215	0.211	218	0.353	150
毕节	0.231	200	0.115	236	0.355	95	0.182	212	0.184	248	0.318	197
自贡	0.231	201	0.212	126	0.253	232	0.194	194	0.169	263	0.325	186
三门峡	0.230	202	0.134	216	0.301	164	0.189	205	0.187	243	0.341	169
益阳	0.230	203	0.133	219	0.256	226	0.221	165	0.221	204	0.317	200
许昌	0.229	204	0.181	159	0.232	247	0.202	184	0.240	165	0.292	221
齐齐哈尔	0.229	205	0.182	158	0.246	239	0.210	178	0.228	187	0.279	235

续表

城市	CBDI总分	排名	文化品牌指数	排名	旅游品牌指数	排名	投资品牌指数	排名	宜居品牌指数	排名	品牌传播指数	排名
淮北	0.228	206	0.161	183	0.215	259	0.235	154	0.224	198	0.305	210
攀枝花	0.228	207	0.137	214	0.257	224	0.192	198	0.213	213	0.339	172
锦州	0.228	208	0.143	208	0.247	237	0.227	162	0.232	178	0.289	227
广元	0.227	209	0.150	190	0.286	190	0.150	244	0.227	190	0.323	190
百色	0.226	210	0.116	232	0.316	136	0.178	214	0.215	210	0.306	207
阳江	0.225	211	0.144	205	0.284	191	0.201	185	0.237	166	0.258	252
吕梁	0.224	212	0.123	227	0.303	161	0.176	216	0.223	201	0.297	215
来宾	0.223	213	0.153	189	0.293	178	0.164	231	0.227	192	0.281	230
丹东	0.223	214	0.133	220	0.289	183	0.171	224	0.213	214	0.311	203
保山	0.222	215	0.110	243	0.313	139	0.155	238	0.232	176	0.297	214
宿州	0.221	216	0.140	210	0.226	253	0.175	217	0.208	220	0.357	144
内江	0.221	217	0.131	221	0.234	245	0.190	201	0.202	226	0.347	158
梧州	0.221	218	0.115	234	0.308	150	0.200	188	0.180	257	0.301	211
钦州	0.221	219	0.088	262	0.303	158	0.189	206	0.187	242	0.336	175
雅安	0.220	220	0.138	212	0.259	220	0.186	208	0.207	221	0.310	204
酒泉	0.217	221	0.143	207	0.286	189	0.155	234	0.210	219	0.291	222
新余	0.216	222	0.105	246	0.254	229	0.210	179	0.193	235	0.320	194
忻州	0.216	223	0.120	231	0.327	122	0.152	240	0.185	246	0.295	218
随州	0.214	224	0.173	170	0.228	250	0.155	235	0.185	247	0.332	178
铜仁	0.213	225	0.114	238	0.329	119	0.151	243	0.189	240	0.281	229
白山	0.212	226	0.143	206	0.290	182	0.168	228	0.244	157	0.216	269
呼伦贝尔	0.212	227	0.148	195	0.296	173	0.151	242	0.228	188	0.236	261
周口	0.212	228	0.146	202	0.240	241	0.182	211	0.223	202	0.268	239
通化	0.211	229	0.176	163	0.269	209	0.195	193	0.179	258	0.235	262
娄底	0.210	230	0.112	241	0.271	204	0.184	210	0.226	193	0.259	251
池州	0.210	231	0.122	229	0.292	179	0.155	237	0.201	230	0.282	228
四平	0.205	232	0.135	215	0.202	267	0.190	203	0.206	222	0.294	220
抚顺	0.204	233	0.115	235	0.248	235	0.171	222	0.193	236	0.295	219

续表

城市	CBDI总分	排名	文化品牌指数	排名	旅游品牌指数	排名	投资品牌指数	排名	宜居品牌指数	排名	品牌传播指数	排名
营口	0.202	234	0.126	224	0.249	234	0.210	177	0.173	262	0.252	253
鹰潭	0.202	235	0.088	261	0.288	186	0.162	232	0.181	252	0.290	225
本溪	0.201	236	0.093	257	0.274	201	0.171	225	0.200	231	0.270	238
六盘水	0.199	237	0.085	264	0.296	172	0.174	220	0.152	280	0.290	223
佳木斯	0.198	238	0.115	237	0.263	215	0.159	233	0.191	238	0.263	245
云浮	0.195	239	0.104	247	0.263	216	0.137	256	0.181	251	0.289	226
商洛	0.194	240	0.097	252	0.277	197	0.154	239	0.181	254	0.259	250
鄂州	0.194	241	0.128	222	0.180	274	0.194	196	0.201	228	0.265	242
河池	0.193	242	0.094	255	0.311	142	0.134	258	0.181	253	0.246	258
昭通	0.193	243	0.096	253	0.229	249	0.133	262	0.200	232	0.306	208
武威	0.192	244	0.175	165	0.220	254	0.123	271	0.191	239	0.250	257
巴中	0.191	245	0.121	230	0.253	231	0.120	273	0.196	234	0.267	240
临沧	0.191	246	0.068	280	0.278	196	0.130	266	0.181	255	0.300	212
黑河	0.191	247	0.123	228	0.229	248	0.131	264	0.212	215	0.262	249
阳泉	0.191	248	0.098	250	0.243	240	0.170	226	0.179	259	0.265	244
贺州	0.190	249	0.099	249	0.298	166	0.134	259	0.174	261	0.244	260
通辽	0.189	250	0.081	269	0.238	243	0.152	241	0.211	217	0.262	247
盘锦	0.185	251	0.108	245	0.216	258	0.171	223	0.205	224	0.226	266
朔州	0.184	252	0.084	265	0.239	242	0.142	250	0.204	225	0.252	254
定西	0.183	253	0.115	233	0.202	266	0.118	276	0.189	241	0.290	224
贵港	0.183	254	0.086	263	0.270	208	0.132	263	0.160	273	0.265	243
崇左	0.182	255	0.073	274	0.318	130	0.155	236	0.168	265	0.195	279
陇南	0.181	256	0.069	278	0.248	236	0.108	283	0.162	271	0.318	196
漯河	0.180	257	0.111	242	0.161	280	0.166	230	0.201	229	0.262	246
辽阳	0.180	258	0.109	244	0.227	251	0.148	245	0.202	227	0.214	271
资阳	0.180	259	0.090	260	0.211	262	0.136	257	0.191	237	0.272	236
庆阳	0.180	260	0.113	239	0.187	271	0.142	249	0.187	244	0.271	237
防城港	0.177	261	0.094	256	0.212	261	0.147	247	0.154	279	0.279	232
汕尾	0.176	262	0.101	248	0.209	264	0.131	265	0.179	260	0.262	248

续表

城市	CBDI总分	排名	文化品牌指数	排名	旅游品牌指数	排名	投资品牌指数	排名	宜居品牌指数	排名	品牌传播指数	排名
阜新	0.173	263	0.083	266	0.188	270	0.175	218	0.168	267	0.252	255
吴忠	0.171	264	0.126	223	0.178	275	0.147	246	0.158	275	0.246	259
乌兰察布	0.170	265	0.073	275	0.226	252	0.139	254	0.182	250	0.232	263
铜川	0.165	266	0.070	276	0.218	255	0.113	282	0.147	282	0.279	234
伊春	0.162	267	0.077	272	0.233	246	0.125	269	0.156	277	0.221	268
朝阳	0.162	268	0.091	258	0.202	265	0.120	274	0.180	256	0.214	273
固原	0.161	269	0.068	281	0.184	272	0.145	248	0.158	274	0.252	256
嘉峪关	0.161	270	0.112	240	0.216	256	0.088	287	0.197	233	0.191	280
鹤壁	0.160	271	0.146	201	0.131	285	0.138	255	0.157	276	0.229	264
巴彦淖尔	0.159	272	0.082	267	0.163	279	0.117	278	0.206	223	0.226	265
平凉	0.158	273	0.091	259	0.216	257	0.084	288	0.186	245	0.214	270
中卫	0.157	274	0.097	251	0.181	273	0.133	261	0.168	266	0.206	275
绥化	0.154	275	0.079	270	0.172	276	0.140	253	0.166	269	0.213	274
葫芦岛	0.151	276	0.074	273	0.214	260	0.121	272	0.145	284	0.199	277
白城	0.149	277	0.066	283	0.165	278	0.114	280	0.184	249	0.214	272
松原	0.149	278	0.082	268	0.171	277	0.124	270	0.166	268	0.199	278
克拉玛依	0.146	279	0.066	285	0.209	263	0.134	260	0.163	270	0.158	287
铁岭	0.145	280	0.069	277	0.192	269	0.108	284	0.169	264	0.189	281
双鸭山	0.137	281	0.066	284	0.193	268	0.115	279	0.149	281	0.162	286
鸡西	0.136	282	0.067	282	0.153	281	0.113	281	0.147	283	0.201	276
金昌	0.135	283	0.079	271	0.134	282	0.128	267	0.161	272	0.174	284
鹤岗	0.133	284	0.095	254	0.132	284	0.093	286	0.122	288	0.225	267
乌海	0.130	285	0.069	279	0.132	283	0.120	275	0.156	278	0.174	283
石嘴山	0.123	286	0.062	286	0.115	287	0.126	268	0.138	286	0.172	285
辽源	0.121	287	0.041	288	0.121	286	0.117	277	0.144	285	0.182	282
七台河	0.099	288	0.042	287	0.090	288	0.101	285	0.136	287	0.128	288

在以上288个城市中，19个副省级以上城市和总分排名前100位的地级市城市CBDI得分与排名情况，请参见附表1和附表2。省域品牌（PBDI）及城市群品牌（ABDI）的得分和排名参见附表3、附表4。

Ⅲ 2020年中国省域品牌发展指数（PBDI）得分与排名

2020年度，30个省（自治区、直辖市）的省域品牌发展指数（PBDI）得分与排名情况，如附表3所示。

附表3 2020年度中国省域品牌发展指数（PBDI）得分与排名

省/自治区/直辖市	总指数	排名	文化品牌发展指数	排名	旅游品牌发展指数	排名	投资品牌发展指数	排名	宜居品牌发展指数	排名	品牌传播发展指数	排名
北京	0.917	1	0.818	1	1.000	1	0.941	1	1.000	1	0.828	2
上海	0.832	2	0.686	2	0.822	2	0.915	2	0.887	2	0.849	1
重庆	0.564	3	0.503	3	0.646	3	0.558	3	0.577	4	0.537	3
浙江	0.526	4	0.463	4	0.590	4	0.556	4	0.584	3	0.437	7
天津	0.464	5	0.411	7	0.419	11	0.513	6	0.509	5	0.467	5
江苏	0.459	6	0.415	6	0.430	9	0.522	5	0.474	7	0.451	6
山东	0.444	7	0.385	11	0.445	7	0.460	8	0.462	8	0.468	4
广东	0.443	8	0.379	12	0.466	6	0.496	7	0.444	9	0.431	8
湖北	0.417	9	0.386	10	0.489	5	0.413	9	0.476	6	0.323	14

续表

省/自治区/直辖市	总指数	排名	文化品牌发展指数	排名	旅游品牌发展指数	排名	投资品牌发展指数	排名	宜居品牌发展指数	排名	品牌传播发展指数	排名
四川	0.370	10	0.330	15	0.438	8	0.326	11	0.371	11	0.386	9
河北	0.357	11	0.332	14	0.367	14	0.334	10	0.388	10	0.363	11
湖南	0.340	12	0.428	5	0.367	13	0.290	14	0.328	13	0.285	20
云南	0.332	13	0.407	8	0.423	10	0.220	21	0.294	15	0.318	15
河南	0.331	14	0.323	17	0.341	16	0.303	13	0.349	12	0.336	13
福建	0.317	15	0.325	16	0.332	17	0.314	12	0.321	14	0.293	18
陕西	0.300	16	0.335	13	0.305	21	0.243	19	0.263	19	0.356	12
安徽	0.298	17	0.288	18	0.271	23	0.283	15	0.274	17	0.373	10
江西	0.284	18	0.276	19	0.300	22	0.253	17	0.274	18	0.315	16
贵州	0.279	19	0.269	20	0.366	15	0.248	18	0.227	21	0.287	19
海南	0.278	20	0.201	25	0.381	12	0.269	16	0.287	16	0.253	22
广西	0.272	21	0.404	9	0.314	18	0.201	23	0.173	23	0.268	21
山西	0.267	22	0.265	21	0.308	20	0.221	20	0.242	20	0.298	17
新疆	0.232	23	0.229	22	0.310	19	0.203	22	0.200	22	0.219	25
辽宁	0.172	24	0.208	23	0.121	27	0.157	24	0.126	27	0.249	23
甘肃	0.169	25	0.175	28	0.167	25	0.115	28	0.161	24	0.228	24
青海	0.163	26	0.205	24	0.169	24	0.105	29	0.140	25	0.198	27
内蒙古	0.163	27	0.196	26	0.146	26	0.121	26	0.138	26	0.213	26
黑龙江	0.121	28	0.182	27	0.078	28	0.121	27	0.088	29	0.139	30
吉林	0.103	29	0.067	29	0.077	29	0.131	25	0.100	28	0.142	29
宁夏	0.041	30	0.007	30	0.022	30	0.025	30	0.003	30	0.149	28

注：本排名以中国30个省、直辖市和自治区为样本。

Ⅳ 2020年中国城市群品牌发展指数（ABDI）得分与排名

2020年度，中国20个主要城市群的城市群品牌发展指数（ABDI）总体得分与排名情况，如附表4所示。

附表4　2020年度中国城市群品牌发展指数（ABDI）得分与排名

城市群	总指数	排名	文化品牌发展指数	排名	旅游品牌发展指数	排名	投资品牌发展指数	排名	宜居品牌发展指数	排名	品牌传播发展指数	排名
粤港澳大湾区	0.976	1	0.983	1	0.979	1	1.000	1	1.000	1	0.917	1
长三角城市群	0.724	2	0.800	2	0.814	3	0.691	2	0.659	2	0.657	3
京津冀城市群	0.705	3	0.734	3	0.847	2	0.632	3	0.629	3	0.683	2
珠三角城市群	0.553	4	0.629	4	0.636	4	0.491	4	0.489	4	0.519	5
成渝城市群	0.479	5	0.450	6	0.632	5	0.395	5	0.438	5	0.481	7
山东半岛城市群	0.472	6	0.481	5	0.578	6	0.380	6	0.381	6	0.539	4
中原城市群	0.387	7	0.426	7	0.469	11	0.247	8	0.290	8	0.502	6
长江中游城市群	0.336	8	0.339	8	0.453	12	0.228	9	0.280	9	0.380	8
滇中城市群	0.322	9	0.303	9	0.493	8	0.215	11	0.233	13	0.367	9
北部湾城市群	0.321	10	0.301	10	0.536	7	0.222	10	0.269	10	0.280	13
兰州西宁城市群	0.312	11	0.286	11	0.434	13	0.276	7	0.301	7	0.263	15
关中城市群	0.299	12	0.284	12	0.478	9	0.173	16	0.247	12	0.314	11
哈长城市群	0.279	13	0.240	14	0.421	14	0.207	13	0.221	15	0.308	12

续表

城市群	总指数	排名	文化品牌发展指数	排名	旅游品牌发展指数	排名	投资品牌发展指数	排名	宜居品牌发展指数	排名	品牌传播发展指数	排名
黔中城市群	0.263	14	0.241	13	0.476	10	0.192	14	0.170	17	0.236	17
呼包鄂榆城市群	0.262	15	0.195	16	0.325	17	0.211	12	0.252	11	0.329	10
海峡西岸城市群	0.244	16	0.234	15	0.337	16	0.167	17	0.204	16	0.277	14
天山北坡城市群	0.195	17	0.091	20	0.358	15	0.174	15	0.229	14	0.123	19
晋中城市群	0.161	18	0.127	17	0.296	18	0.070	19	0.115	19	0.197	18
辽中南城市群	0.154	19	0.109	18	0.179	20	0.101	18	0.130	18	0.250	16
宁夏沿黄城市群	0.105	20	0.101	19	0.186	19	0.068	20	0.094	20	0.077	20

注：本排名以中国20个城市群为样本。

参考文献

白立敏、修春亮、冯兴华等：《中国城市韧性综合评估及其时空分异特征》，《世界地理研究》2019年第6期。

陈利、朱喜钢、孙洁：《韧性城市的基本理念、作用机制及规划愿景》，《现代城市研究》2017年第9期。

高培勇、杜创、刘霞辉、袁富华、汤铎铎：《高质量发展背景下的现代化经济体系建设：一个逻辑框架》，《经济研究》2019年第4期。

葛天任：《建国以来社区治理的三种逻辑及理论综合》，《社会政策研究》2019年第1期。

国家发展改革委经济研究所课题组：《推动经济高质量发展研究》，《宏观经济研究》2019年第2期。

金碚：《关于"高质量发展"的经济学研究》，《中国工业经济》2018年第4期。

李刚、徐波：《中国城市韧性水平的测度及提升路径》,《山东科技大学学报》(社会科学版) 2018 年第 2 期。

李金昌、史龙梅、徐蔼婷:《高质量发展评价指标体系探讨》,《统计研究》2019 年第 1 期。

李连刚、张平宇、谭俊涛、关皓明等:《韧性概念演变与区域经济韧性研究进展》,《人文地理》2019 年第 2 期。

刘彦平:《城市营销战略》,中国人民大学出版社 2005 年版。

刘彦平主编:《中国城市营销发展报告 2018:创新推动高质量发展》,中国社会科学出版社 2019 年版。

蒲晓晔、Fidrmuc J.:《中国经济高质量发展的动力结构优化机理研究》,《西北大学学报》(哲学社会科学版) 2018 年第 1 期。

钱明辉、李军:《城市品牌化成功要素研究:ISE 概念模型》,《国家行政学院学报》2010 年第 4 期。

任保平、李禹墨:《新时代我国高质量发展评判体系的构建及其转型路径》,《陕西师范大学学报》(哲学社会科学版) 2018 年第 3 期。

任保平、文丰安:《新时代中国高质量发展的判断标准、决定因素与实现途径》,《改革》2018 年第 4 期。

任寿根:《品牌化城市经营研究:基于行为区位理论框

架》,《管理世界》2003年第5期。

邵亦文、徐江:《城市韧性:基于国际文献综述的概念解析》,《国际城市规划》2015年第2期。

史明萍、魏程琳:《"中坚居民":城市社区治理的中坚力量及其制度化》,《城市问题》2019年第12期。

孙斌栋、华杰媛、李琬等:《中国城市群空间结构的演化与影响因素——基于人口分布的形态单中心—多中心视角》,《地理科学进展》2017年第10期。

汤放华、汤慧、古杰:《韧性城市的概念框架及城乡规划的响应》,《北京规划建设》2018年第2期。

田盛丹:《新冠肺炎疫情及其应对政策对我国宏观经济的影响——基于可计算一般均衡模型的分析》,《消费经济》2020年第3期。

魏杰、王浩:《转型之路:新旧动能转换与高质量发展》,《国家治理》2018年第21期。

魏冶、修春亮:《城市网络韧性的概念与分析框架探析》,《地理科学进展》2020年第3期。

肖文涛、王鹭:《韧性城市:现代城市安全发展的战略选择》,《东南学术》2019年第2期。

徐圆、张林玲:《中国城市的经济韧性及由来:产业结构多样化视角》,《财贸经济》2019年第7期。

徐圆、邓胡艳:《多样化、创新能力与城市经济韧性》,《经济学动态》2020年第8期。

许峰、贺震、秦晓楠：《区域城市品牌结构识别与发展战略研究——以山东省为例》，《中国软科学》2009年第5期。

严志兰、邓伟志：《中国城市社区治理面临的挑战与路径创新探析》，《上海行政学院学报》2014年第4期。

杨伟民：《贯彻中央经济工作会议精神，推动高质量发展》，《宏观经济管理》2018年第2期。

张慧、刘耀龙、冯洁瑶：《城市化质量、城市韧性对洪涝灾害风险的影响——基于山西11个地级市面板数据》，《经济问题》2020年第4期。

张军扩、侯永志、刘培林、何建武、卓贤：《高质量发展的目标要求和战略路径》，《管理世界》2019年第7期。

张明斗、冯晓青：《长三角城市群内各城市的城市韧性与经济发展水平的协调性对比研究》，《城市发展研究》2019年第1期。

张明斗、李维露：《东北地区城市韧性水平的空间差异与收敛性研究》，《工业技术经济》2020年第5期。

赵瑞东、方创琳、刘海猛：《城市韧性研究进展与展望》，《地理科学进展》2020年第10期。

赵峥、刘涛：《着力推进中国城镇化转型》，《中国发展观察》2014年第12期。

中共中央办公厅、国务院办公厅：《关于转发〈民政部关于在全国推进城市社区建设的意见〉的通知》，2000年11月19日。

《中国城市年鉴（2017—2019）》，中国城市年鉴社2017、2018、2019年版。

周尚君：《地方法治竞争范式及其制度约束》，《中国法学（文摘）》2017年第3期。

朱金鹤、孙红雪：《中国三大城市群城市韧性时空演进与影响因素研究》，《软科学》2020年第2期。

Anholt S., "'Brand Europe'—Where next?", *Place Branding and Public Diplomacy*, Vol. 3, No. 2, 2007.

Ashworth G., Kavaratzis M., "Beyond the Logo: Brand Management for Cities", *Journal of Brand Management*, No. 8, 2009.

Bovaird T., "Beyond Engagement and Participation: User and Community Coproduction of Public Services", *Public Administration Review*, Vol. 67, No. 5, 2010.

Cutter S. L., Kevin D. A., Christopher T. E., "The Geographiesof Community Disaster Resilience", *Global Environmental Change*, Vol. 24, No. 11, 2014.

Doran J., Fingleton B., "US Metropolitan Area Resilience: Insights from Dynamic Spatial Panel Estimation", *Environment and Planning A: Economy and Space*,

Vol. 50, No. 1, 2018.

Feng, Xinghua, et al., "Comprehensive Evaluation of Urban Resilience Based on the Perspective of Landscape Pattern: A Case Study of Shenyang City", *Cities*, No. 104, 2020.

Gertner D., "Place Branding: Dilemma or Reconciliation between Political Ideology and Economic Pragmatism", *Place Branding and Public Diplomacy*, No. 1, 2007.

Hankinson G., "Managing Destination Brands-Establishing a Theoretical Foundation", *Journal of Marketing Management*, No. 1 – 2, 2009.

Heeks R., Ospina V. A., "Conceptualising the Linkbetween Information Systems and Resilience: A Developing Country Field Study", *Information Systems Journal*, Vol. 29, No. 1, 2019.

Holling C. S., "Resilience and Stability of Ecological Systems", *Annual Review of Ecology and Systematics*, Vol. 4, No. 4, 1973.

Holling C. S., "Resilience and Stability of Ecological Systems", *Annual Review of Ecology and Systematics*, Vol. 4, No. 1, 1973.

Hudec O., Reggiani A., "Šiserová M. Resilience Capacityand Vulnerability: A Joint Analysis with Reference to

Slovakurban Districts", *Cities*, Vol. 73, No. 3, 2018.

Ikuta T., Yukawa K., Hamasaki H., "Regional Branding Measures in Japan-Efforts in 12 Major Prefectural and City Governments", *Place Branding and Public Diplomacy*, No. 2, 2007.

Jha A. K., Miner T. W., Stanton-Geddes Z., *Building Urbanresilience: Principles, Tools, and Practice*, Washington D. C., USA: World Bank Publications, 2013.

Joerin J., Shaw R., Takeuchi Y., et al., "Action-oriented Resilience Assessment of Communities in Chennai, India", *Environmental Hazards*, Vol. 11, No. 3, 2012.

Kaplan M. D., Yurt O., Guneri B., et al., "Branding Places: Applying Brand Personality Concept to Cities", *European Journal of Marketing*, Vol. 44, No. 9/10, 2010.

Kavaratzis M., "Cities and Their Brands: Lessons from Corporate Branding", *Place Branding and Public Diplomacy*, No. 1, 2009.

Kavaratzis M., "City Branding", *The Wiley Blackwell Encyclopedia of Urban and Regional Studies*, 2019.

Kavaratzis M., "Place Branding: A Review of Trends and Conceptual Models", *The Marketing Review*, No. 5, 2005.

Knox S., Bickerton D., "The Six Conventions of Corporate Branding", *European Journal of Marketing*, No. 7/

8, 2003.

Lucarelli A., "Place Branding as Urban Policy: The (im) Political Place Branding", *Cities*, Vol. 80, 2018.

Lucarelli, A. and Berg, P. O., "City Branding: A State-of-the-art Review of the Research Domain", *Journal of Place Management and Development*, Vol. 4, No. 1, 2011.

Maheshwari V., Vandewalle I., Bamber D., "Place Branding's Role in Sustainable Development", *Journal of Place Management and Development*, No. 2, 2011.

Marjolein S., Bas W., "Building up Resilience in Cities-worldwide: Rotterdam as Participant in the 100 Resilient Cities Programme", *Cities*, Vol. 61, No. 1, 2017.

Martin R., Sunley P., Gardiner B., et al., "How Regions React to Recessions: Resilience and the Role of Economic Structure", *Regional Studies*, Vol. 50, No. 4, 2016.

Martin R., Sunley P., "On the Notion of Regional Economic Resilience: Conceptualization and Explanation", *Journal of Economic Geography*, Vol. 15, No. 1, 2015.

Martin R., "Regional Economic Resilience, Hysteresis and Recessionary Shocks", *Journal of Economic Geography*, Vol. 12, No. 1, 2012.

Mileti D., *Disasters by Design: A Reassessment of Natural Hazards in the United States*, Joseph Henry Press, 1999.

Naef, Patrick, "Resilience as a City Brand: The Cases of the Comuna 13 and Moravia in Medellin, Colombia", *Sustainability*, 2020.

Pedeliento, G. and Kavaratzis, M., "Bridging the gap between culture, identity and image: a structurationist conceptualization of place brands and place branding", *Journal of Product & Brand Management*, Vol. 28, No. 3, 2019.

Resilience Alliance, *Urban Resilience Research Prospectus*, Canberra, Australia: CSIRO, 2007.

Safa M., Jorge R., Eugenia K., et al., "Modeling Sustainability: Population, Inequality, Consumption, and Bidirectionalcoupling of the Earth and Human Systems", *National Science Review*, Vol. 3, No. 12, 2016.

Simmie J., Martin R., "The Economic Resilience of Regions: Towards an Evolutionary Approach", *Cambridge Journal of Regions, Economy and Society*, Vol. 3, No. 1, 2010.

The Rockefeller Foundation and ARUP, *Index C. R. City Resilience Framework*, The Rockefeller Foundation, 2014.

The World Bank, *Building urban Resilience: Principles, Tools, and Practice*, The World Bank, 2013.

UN-Habitat, *An Urbanizing Worldtan: Global Report on Human-settlements*, Oxford, UK: Oxford University Press, 1996.

后　记

　　2020年以来，突如其来的新冠肺炎全球大流行给世界各国、各城市的生产和生活造成严重冲击，城市韧性概念成为学界和实务界共同关注的重大而又迫切的课题。本书尝试从城市韧性系统建设与城市品牌建设的互动关系着眼来把握城市高质量发展的需求侧改革逻辑，认为城市韧性建设是城市发展的风险意识和底线思维体现，目的是为构建新发展格局筑牢基础；而城市品牌建设是城市创新思维和奋进意识的表现，是城市谋求突破性发展的努力，目的是强化并彰显城市的功能优势，增益城市的吸引力和竞争能力。在当前推进新时代"五位一体"总体布局的大背景下，城市韧性系统的主要维度应包含城市文化韧性、经济韧性、社会韧性、环境韧性和形象韧性等。加强城市韧性系统建设，能够为实现城市全面协调可持续发展提供供给侧保障和支撑。同时，一个正面、积极的城市品牌形象，能有效凸显城市差异化优势，协同城市多样化主体的营销努力，提升游客、投资者和人才的决策便利和市民认同感，更能增强城市抵御危机冲击的能力，助力城市危机后恢复和重建。一般来说，城市品牌的塑造具体表现为城市文化品牌、城市旅游品牌、城市投资品牌、城市宜居品牌和城市品牌传播等努力，是壮大和凸显城市功能的重要需求侧改革手段。一方面，城市韧性对城市品牌建设具有基础性的保障和支持作用；另一方面，城市品牌化也能够有效促进城市经济社会的可持续发展，有助于增益城市进一步提升韧性建设的资源和能力。基于这一认识逻辑，本书认为，统筹城市韧性建设和城市品牌建设是提升城市治理体系和治理能力现代化水平的一个重要抓手。为此，本书构建了城市韧性发展指数（CRDI）并引入城市品牌发展指数（CBDI）对我国288个城市进行了实证测评，从城市、区域和主要功能维度出发，对城市韧性与城市品牌的发展及其互动关系进行了测量和分析。在此基础上，就我国加强城市韧性和城市品牌建设提出了若干对策建议，以期能对韧性城市和城市品牌的相关研究和实践，提供参考和借鉴。

在本书研究过程中，笔者得到领导、同人的诸多关心和支持，心怀感激。感谢中国社会科学院财经战略研究院院长何德旭研究员和书记闫坤研究员，他们对本书的研究提供了宝贵的支持和指导。感谢中国社会科学院城市与竞争力研究中心主任倪鹏飞研究员对本书给予的数据支持和方法指导。感谢中国人民大学中国市场营销研究中心主任郭国庆教授对研究的关心和指导。感谢中国社会科学院金融研究所博士后燕翔同学、中国社会科学院研究生院博士生胡纯和硕士生王艳杰同学，他们在本书的数据收集、整理与分析方面提供了很多协助和支持。中国社会科学出版社副总编辑王茵女士、本书责编喻苗老师为本书的出版提供了大量宝贵的支持，在此表达衷心的感谢！

  由于笔者学识的局限，研究肯定存在不少不足和错讹，诚望读者多给予批评和指正！

刘彦平

2021 年 3 月 11 日

刘彦平 中国人民大学管理学博士，中国社会科学院金融学博士后，美国明尼苏达大学访问学者。中国社会科学院财经战略研究院城市与房地产经济研究室主任，中国社会科学院城市与竞争力研究中心副主任、研究员，兼中国人民大学中国市场营销研究中心副主任、教授，中国商业史学会品牌专业委员会副主任，中国社科院旅游研究中心特约研究员，首都科技发展战略研究院特约研究员，人民日报社区域协同发展智库专家委员，中国城市经济学会理事，北京旅游学会理事等。出版专著及研究报告10余部，主持、参与国家级科研课题及地方政府委托课题30多项，发表学术论文50多篇。主要致力于城市营销、城市品牌、城市治理及创新管理等方面的研究。